知識改變命運・閱讀改變人生

簡單閱讀力

張明麗 著

前言

簡單，其實不簡單。簡單並非具象化的東西，像是你只用一隻碗在吃飯，一條褲子在過日子；那不叫「簡單」，那叫「貧窮」！

簡單，是一份極致之美。就像朱銘大師的雕塑作品（如太極系列），只利用極簡的線條運作，立於戶外野地，卻呈現出無比的神來，氣勢磅礡、融入天地之間，鬼斧神工、渾然天成。令人讚嘆！

近年來，我深深領悟到日本山下英子女士的簡單生活哲學；一、斷絕不需要的東西。二、捨棄多餘的事物。三、離開對物慾的執著。因為人心太複雜，才會像無底洞一般拼命填塞、容下了太多「有的沒的」的無用之物，如果明白了山下英子女士的「斷捨離」之意，那麼您就可以改變自己，在生活中將繁瑣化為簡單的了。

換言之，簡單並不是一種儀式，而是一種心態。簡單不是平平淡淡，它像白開水一樣，只要你慢慢品嘗，就會變成有滋有味的甘泉。有人說，盡管世界繽紛七彩，但生活的基調是由黑與白所構成的，它是生活的本質，白是人生光明面，黑是人生陰暗面……這是最簡單的道理，人們卻自做聰明把它變成不簡單，到頭來作繭自縛，自己綁住了自己。

現代人，在快節奏的步調中，閱讀已成為一種奢華，一種遙不可及的享受。其實再怎麼忙碌也要停下來思考，否則就不會長智慧，雖然掙了很多錢來生活，而真正改變生活的卻是智慧。

本書就特別為您準備一些十分哲理的短文，能提供您在一杯咖啡的時間裡「停下來思考」——思考，讓我們產生智慧——「將你的時間用在閱讀他人的作品上，別人費力學到的東西，你就能輕鬆獲得了。」這就是對閱讀最好的解釋了。

因此，試試簡單的閱讀力！每天利用5分鐘去讀書吧！

前言／003

第一章　人生處處都是一片好風景／013

第二章　別人的路，不一定適合你／043

第五章　活得簡單，過得快樂／159

第一章

人生處處都是一片好風景

I・人生的瓶頸

胡適先生曾說，我們做學問的態度，應該「大膽嘗試，小心求證」，其實人生又何嘗不是如此！

有一位科學家，曾做過這樣一個試驗——

把幾隻蜜蜂放在瓶口敞開的瓶子裡，側放瓶子，瓶底向光，蜜蜂會一次又一次地飛向瓶底，企圖飛近光源。牠們絕不會反其道而行，試試另一個方向。因為瓶中對牠們來說是一種全新的情況，是牠們的生理結構始料未及的情況。因此，牠們無法適應改變之後的環境。

後來，這位科學家又做了一次試驗——

這次瓶子裡不放蜜蜂，改放幾隻蒼蠅。瓶身側放，瓶底向光。不到幾分鐘，所有的蒼蠅都飛出去了。牠們多方嘗試：向上、向下、面光、背光。蒼蠅常會一頭撞上玻璃，但最後總會振翅飛向瓶頸，飛出瓶口。

在解決問題時，換個角度、換個方向試試，或許會收到意想不到的結果。如果只是一味死鑽牛角尖，只會一輩子都撞得頭破血流，而一事無成呢！

2．你到底錯過了什麼？

憑藉外在的機遇而一夜暴富的人，與憑藉自己的毅力踏實奮鬥而致成功的人，有質的區別。前者很快就會被虛榮所害，千金散盡；而後者會堅持不斷地努力，來擴大自己的財富。

你年輕聰明、壯志凌雲。你不想庸庸碌碌地了此一生，渴望名聲、財富和權利。因此你常常在我耳邊抱怨：那顆因「地心引力」而落下的著名蘋果為什麼不是砸在你的頭上？那枚藏著「大珍珠」的貝殼，怎麼就產在巴拉旺而不是你常去游泳的海灣？拿破崙偏能碰上約瑟芬，而英俊高大的你總沒有人垂青？

於是我想成全你，先是照樣給你掉下一顆蘋果，結果你卻想也沒想就把它吃了。我決定換一個方法，在你閒逛時將碩大無比的卡里南鑽石原石偷偷放在你的腳邊，將你絆倒，可你爬起來後，怒氣沖大地將它一腳踢到陰溝裡。最後我乾脆就讓你做拿破崙，不過像對待他一樣，先將你抓進監獄，撤掉將軍官職，趕出軍隊，然後將你身無分文地拋進塞納河邊。就在我催促約瑟芬駕著馬車匆匆趕到河邊時，遠遠地聽到「撲通」一聲，你已經先自暴自棄，投河自盡了。

唉！你錯過的僅僅是機會嗎？

機遇似魔鬼，來時令人手足無措；機遇又似仙女，去時令人追悔莫及。平庸的人默默等待機會，聰明的人善於抓住機會，而智者勇於創造機會。變幻的世界，五彩的人生，機遇無處不在，無時不有，就看你是否準備好了沒？不是有句話說——機會是給準備好的人。

3．「我今天要過得比昨天好」

如果你正處於人生的困頓，那麼你每天早上都要告訴自己——「我今天要過得比昨天好」——只要帶這個小小的願望出門即可。這種「自我暗示」的效果，它發揮的影響力，絕對會超乎你的想像！

有一位王子，長得十分英俊，但卻是一個駝子，這個缺陷使他非常的自卑，以致對他的人生缺少自信，而鬱鬱寡歡。

有一天，國王請了全國最好的雕刻家，刻了一座王子的雕像。雕刻家刻出的雕像沒有駝背，背是直挺挺的，十分完美。

於是，國王將此雕像豎立於王子的宮前。

每天，當王子在宮門前看到這座雕像時，心中都產生一種震撼。

幾個月之後，百姓們說：「王子的駝背不像以前那麼嚴重了。」

當王子聽到這些話時，他的內心受到了鼓舞。

有一天，奇蹟出現了，當王子站立時，背是直挺挺的，與雕像一樣。

如果只會顧忌世俗的眼光，那麼人會活得十分無奈！一個人是什麼？是因為他相信自己是什麼，而不是別人認為什麼！人的許多缺陷都是由自己的心理造成的，正所謂——疑心生暗鬼。

4．破窗理論

老是垂頭喪氣，看不起自己，這種人根本不會贏得同情，只能繼續沉淪……不管貧富，一個人如果不踐踏自己，他將永遠不被別人所踐踏。

有一項心理學實驗是這樣的——

將兩輛外型完全相同的車子停放在類似的環境中，其中一輛車的引擎蓋和車窗都是打開的，另一輛則保持不動。

打開的車輛在三天之內就被人破壞無遺，而另一輛車則完好無損。但是當實驗人員將完好車子的窗戶打破了一個之後，一天之內，車上所有的窗戶都被人打破了，內部的東西也被偷盜一空。

這項實驗就是著名的「破窗理論」。

「破窗理論」認為，既然是壞的東西，讓它再破一些也無妨。在許多人的心理中，完美的東西，大家都維護它，捨不得破壞；但對於殘缺的東西，大家就會加速它的損壞程度。

這是說環境中的不良現象如果被放任存在，就會誘使人們仿效，甚至變本加厲。正如同人的心性，如果充滿了負能量，就會產生更大的負面效應。

5．去學會欣賞身邊的美

人生要多觀察一些細微之處，因為成功人士與凡夫俗子的差別，往往表現在細微之處。懂得欣賞美的人，他的人生一定過得比別人愉快。

有對夫婦開車經過一間鄉下的餐廳，這時剛好是中午時分，於是他們決定停下來用餐，進入餐廳之後，首先太太想借用化妝室。

當她一進化妝室便看見一盆盛開的鮮花，擺在一張舊式但卻非常雅致的木頭桌子上。洗手間裡收拾得很整齊，可說是一塵不染，這位太太使用過之後，很主動的把洗手台也擦拭得乾乾淨淨。

太太回到座位，愉快地用完餐，臨上車之前，她對餐廳的老闆說：「那些鮮花可真漂亮……」

「這位太太，妳知道嗎？我在那裡擺鮮花已經有十多年了。妳絕對想不到那小小的一盆花替我省了多少清潔工作！」老闆得意地說道。

「美的效應」人的素質隨著環境的變化而變化，在五星級飯店，人們都會舉止高雅、彬彬有禮；而到了菜市場，人們就可能大聲吆喝、隨手亂扔雜物。

6・拋棄束縛找回自己

日本作家遠藤周作曾說：「『愛』並不是被很有魅力、很美的東西吸引。如果是因為魅力和美而被吸引，稱之為『熱情』，這與『愛』無關。『愛』往往是在捨棄之後，才開始的……

臨街的陽台，站著一位妙齡女郎。似水的明眸，如雲的秀髮，吸引路人禁不住抬頭看上兩眼。

一位英俊的年輕人途經此處，他被女郎的美貌攝去了魂魄，便找機會與她搭訕，向她示愛。

「如果你真的喜歡我的話，你要證明它，就請在陽台底下待上一百天時間，我自會下樓來見你。」

只剩一天就到期了。女郎輕掀起了簾子，偷窺那三個多月來紋絲不動地坐在那裡的英俊年輕人。結果，她驚奇地發現，那個「忠誠的騎士」正緩緩地直起身，夾起椅子，若無其事地走了。

九十九天！年輕人欠缺的看來不是耐心，他恰如其分地表達了自己的愛，又恰如其分地保留了自己的尊嚴。

當兩人相愛時，男女雙方都曾出一些形形色色的招法來考驗對方。愛情需要檢驗，但要掌握一個「度」，超過了這個「度」，愛情就成了一種折磨，一種痛苦。因此拋棄它，你才能找回自己。

7・凡是走過不留遺憾

有一件事情和死亡一樣是無法逃避的，那就是生存。

有位朋友是個登山隊員，那一次，他有幸參加了攀登珠穆朗瑪峰的活動，在六千四百公尺的高度，他體力不支，停了下來。

當他講起這段經歷時，我們都替他惋惜，問他為何不再堅持一下呢？再攀一點高度，再咬緊一下牙關。

「不，我最清楚，六千四百公尺的海拔是我這次登山的最高點，我一點都沒有遺憾。」他說。

你是否曾經因為不服輸，而弄得自己頭破血流，結果事情也還是不夠完美……

認清自己，在恰到好處時戛然而止。悠然下山也是一種征服，征服了自己的生命。有些事，需要及時收場，需要重新調整好再來。

過分逞強，有時不僅無法帶來勝利，反而會遭至身敗名裂，或徒勞無功多繞遠路，我們只有一個人生，怎樣平安達到目的地，才是最重要的！

8．不要輕易同情別人

同情的話，可以表現你的關懷，但激勵的話，則更會引導人走向自強而不再顧影自憐。

兩歲多的兒子在玩球時，突然腳下一個踉蹌摔倒了。妻子走上前去一邊扶他一邊說：「乖乖，不哭。」兒子反而更加大哭起來。我對妻子使了一個眼色示意她離開，然後我站在幾步遠望著摔倒的兒子說：「勇敢的小男孩，你一定可以爬起來。」果然，他自己慢慢爬起來了，而且不再哭泣。

我的鄰居保羅因為機器事故失去了一隻手，許多親朋好友都來安慰他、鼓勵他，並報以同情的淚水，我去了之後，帶著微笑，並給他講了許多笑話。我臨走的時候，保羅笑著說：「謝謝你，其實我需要的不是眼淚，這一點，你很懂的。」

於是，我看到了病房裡和保羅的臉上都灑滿了陽光，悲傷和惆悵卻消失得無影無蹤了。

因為只有正視了現實，才會激發一個人潛在的精神意志，才會讓弱者在黑暗中看到希望，更加讓他們知道，只有堅強起來才是擺脫困境和命運的唯一途徑。

即使在我們面前的只是一棵柔弱的小草，我們也無須為之同情，因為我們生存的理由，並不會比一棵草存在的理由更為尊貴和優越。

過多同情弱者，會使弱者更加脆弱，因為過多的同情只能使其意志更加消沉，你不妨將你的同情點燃成鼓勵對方的火把。

人生本來就不是絕對的；每個人都應該從他人的痛處看到自己的痛處，也要從他人的優勢看到自己的優勢。

9．生活的擔子

每個人都有其生活的擔子，走過一生，我們追求的並不是要想辦法去卸下擔子，而是要學習如何挑起擔子。

有一個人對自己的人生十分不滿，他每天都感覺生活的擔子越來越沉重，幾乎到了不能忍受的地步了，他想不通為什麼會這樣，他想讓自己變得輕鬆起來，於是他想去尋找一位智者向他討教。

他走了一天，終於在山中找到了智者，智者正揹著一個竹筐在山中撿柴。

他給智者講了自己的問題。智者沒有回答他的問題，只是說：「你先替我揹上這個竹筐吧！」

他替智者揹著竹筐，他們往前走，智者不時的撿一些柴放在他背上的筐裡，到了最後，竹筐漸漸地滿了起來，智者問他有什麼感覺。

他說：「我只是感覺竹筐越來越滿了。」

智者說：「因為我一邊走著，一邊把柴放進了你的筐裡，你感覺生活也是如此，當我們來到這個世界上時，我們每個人都揹著一個空筐，然而我們每走一步都要從這世界上撿一樣東西放進去，所以你就會感覺越來越沉重。

他說：「我可以減輕這些負擔嗎？」

智者說：「工作、愛情、家庭、友誼……你願意捨棄哪一種呢？」

他沉思起來，是啊，工作、愛情、家庭……都是沒有辦法割捨的。

背上的竹筐讓我們感到沉重，因為裡面裝滿了人生的重負。背上的竹筐也讓我們快樂，因為裡面裝滿了人生自我實現的成果。

10．尋找自己的位置

你是否常悶悶不樂，認為自己不得志，其實你應該反省的是，你有沒有找對位置，並且去坐上那個位置。

李斯年輕時，是楚國上蔡郡府裡的一個看守糧倉的小文書官，他的工作乏味而單調，就是負責每天記錄糧食的進出情況，日子一天天過去，李斯一直待在糧倉裡過著無所作為的生活。

有一天，李斯去上茅廁時，驚動了裡頭的一群老鼠。這群在茅廁內安身的老鼠，個個瘦小乾枯，毛色灰暗，身上又髒又臭，讓人一看就噁心至極。

看著這些老鼠，李斯不由得想起了自己管理的糧倉中的老鼠。那些老鼠，一個個腦滿腸肥，皮毛油亮，整日在糧倉中逍遙自在，與眼前茅廁中的這些老鼠相比真是天上地下！

人生如鼠，不在倉就在廁，位置不同，命運也不同。自己在這個小小的縣城一直做著沒沒無聞的管理員，就像茅廁裡的老鼠一樣。於是，李斯決定換一個環境去尋找適合自己的道路。

他投入秦國呂不韋的門下，後來被秦王任為客卿，建議秦王採取各擊破政策兼併六國，在統一全國之後，幫秦始皇建立了強大的王國，同時也將自己推向了丞相的寶座。

所處的環境不一樣，機遇也不一樣。你見不到外面的世界，就不會發現外面還有更廣闊的天地。每天對你來說都是一種機遇，你如何去發覺它，並且掌握它呢？

II・李嘉誠談金錢

西方有句流行的諺語說：「鄙視金錢的人，最後也將被金錢唾棄！」

李嘉誠先生兩次舉起了擺在桌前的礦泉水瓶，但他一口沒喝，倒是「透過水瓶」說出了自己對金錢的態度。

一次，李嘉誠基金會西部教育計畫訪問團一行一大早乘飛機抵達西寧後，在寒風中徑直驅車趕到位於市郊的一所大學。

在座談會上，當大學負責人談到校園網路建設需要資金八百萬元時，李先生詳細詢問起光纖的舖設等情況，還沒等校方介紹完，李先生抓起桌前的礦泉水瓶，一個箭步走上前台，他指著手中的水瓶說：「本來生產這瓶水需要八萬，但在申請資金時卻說需要十萬，那麼多餘二萬就是浪費，辦多少事就該花多少錢。」

等李先生拿著水瓶走下台時，對迎上前來的一位省府官員說：「只要是需要的，要我馬上拿出一個億，我會面不改色，但誰要在地下丟一塊錢，我也會立刻將它撿起來。」

中午，李嘉誠在聽取省政府介紹的幾個項目時，他再次舉起桌前的礦泉水對在場的人說：「這個水瓶的厚度已完全夠用，那麼我們為什麼還要花一大把錢，把它再加厚呢！」

再有錢，也不能浪費；要花錢，也要花在刀口上，這就是李先生的哲學。

許多成功人士在對待金錢問題上都有一個很理智的認識，在成功的理念中，都能夠很好地控制對資金的把握。如果沒有一個合理的資金運作理念，那麼你的事業就不可能有更長遠的發展。

12・不必擔心自己與目標的距離

當我們聽到受了逆境傷害的人很可憐地在哭泣時，都會去安慰他。然而，一旦自己處於相同的痛苦時，可能會和他一樣，甚至比他更傷心。——莎士比亞

雷因失業而挨餓。他白天就在馬路上亂走，目的只有一個，躲避房東討債。

有一天，他在42街碰到著名歌唱家夏里賓。雷因在失業前曾經採訪過他，但他沒想到的是，夏里賓竟然一眼就認出了他。

「很忙嗎？」他問雷因。

雷因含糊地回答了他，他想他看出了他的際遇。

「我住的旅館在第103街，跟我一同走過去好不好？」

「走過去？但是，夏里賓先生，60個路口，可不近呢！」

「胡說，」他笑著說：「只有5個街口。」

「是的，我說的是第6街的一家射擊遊藝場。」

這裡有些所答非所問，但雷因還是順從地跟他走了。

「現在，」到達射擊場時，夏里賓先生說，「只有11個街口了。」

不多一會，他們到了卡納奇劇院。

「現在，只有5個街口就到動物園了。」

又走了12個街口，他們在夏里賓先生住的旅館前停了下來。

奇怪得很，雷因並不覺得怎麼疲憊。

夏里賓給他解釋為什麼要步行的理由——

「今天的走路，你要常常記在心裡。這是生活藝術的一個教訓。你與你的目標無論有多遙遠的距離，都不要擔心。把你的精神集中在5個街口的距離。別讓那遙遠的未來讓自己煩悶。」

13．同樣的風景不同的看法

在人生之中，同樣的畫面，卻會產生不同的觀點，因此，我們走在人生路上時，除了審視本身的看法，也要多多理解別人的想法。

有一位心理學家找來兩個7歲的孩子進行一項心理測驗。

湯姆是來自一個貧窮人家的孩子，家裡有六個兄弟；安迪則是一個家境富裕的醫生的獨子。

心理學家叫兩個孩子看一幅圖畫，畫裡是一隻小兔子坐在餐桌旁邊哭，兔子媽媽則板著面孔站在一旁。心理學家要他們把畫中的意思說出來。

湯姆立刻說：「小兔子為什麼在哭，是因為牠沒吃飽，還想要東西吃，但是家裡的東西已經沒有了，而兔媽媽也覺得很難過。」

「不是這樣的，」安迪接著說：「牠為什麼在哭，還不是因為牠已經不想再吃東西，但牠媽媽強迫牠非吃下去不可。」

用自己的經驗去判斷事物，往往會出現偏頗，思考問題，不一定能面面俱到，但絕不能以一己之見。

14・心中有佛處處見佛

心中有喜樂的人，走到哪裡都會遇到陽光。

心中有不滿的人，只會活在自己所築的黑暗城堡。

蘇東坡和佛印和尚是很好的朋友，但是兩人也喜歡彼此嘲諷一番。

有一天，兩人坐著打禪。一會兒功夫，蘇東坡睜開眼問佛印：「你看我坐禪的樣子像什麼？」

佛印看了看，頻頻點頭稱讚：「嗯！你像一尊高貴的佛。」

蘇東坡暗自竊喜。佛印也反問道：「那你看我像什麼呢？」

蘇東坡故意氣佛印：「我看你簡直像一堆牛糞。」

佛印居然微微一笑，沒有提出反駁。

回到家中，蘇東坡得意地告訴他的妹妹：「今天佛印被我好好地修理了一番。」——當蘇小妹聽了事情原委後，反而笑了出來。

蘇東坡好奇地問道：「有什麼好笑的？」

「人家佛印和尚心中有佛，所以看你如佛；而你心中有糞，所以看人如糞。其實輸的是你呀！」蘇小妹說道。

蘇東坡這才恍然大悟。

生活中隨時可見不同的人對同樣一件事持有不同的看法，並且都能成立、都合邏輯。比如同樣是半杯水，有人說杯子是半空的，而另一個人則說杯子是半滿的。水沒有變，不同的只是心態。心態不同，觀察和感知事物的側重點就不同。

第二章

別人的路不一定適合你

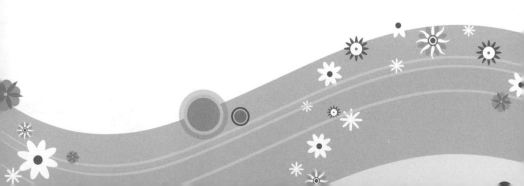

I・成功的好風水

讀書絕對不是只為了使我們的心情愉快，而應集中我們的精神來讀。讀書並不是要打發無趣的生活，以外在的慰藉來麻痺自己；相反的，是在幫助我們漸漸提升並充實自己的生活。——赫塞

有位計程車司機告訴我，他的三個孩子都上一流大學，而且品學兼優。我問他是怎麼教育子女的，他笑著說：「很簡單，只要你培養他們閱讀和思考的習慣就行了。」

他每天一定會陪孩子讀書，孩子做功課，大人則閱讀雜誌或新購的書籍。除了新聞和特別挑選的節目，他們不看電視，因為看電視浪費太多時間。他說：「孩子慢慢大了，我知道的反而比他們少，孩子變成我的老師，他們還會買書送我。現

在，他們都上大學，住到學校宿舍去了，我還是在餐桌上看書。桌子雖然舊了，讀到的書卻永遠是新的。」

他的這席話，使我受益良多。

最近，有一位朋友跟我討論，怎樣才能把孩子教好。他說：「孩子上小學五年級就頂撞父母，不肯專心讀書，大部分時間耗在打電動和看電視上，功課越來越退步。真不知如何是好？」

我聽完他的陳述，便想起那位計程車司機。

於是我問他：「你有沒有每天閱讀的習慣？」

他說：「沒有。」

我又問：「你們家人喜歡看電視？」

他說：「我們天天看。」

「你們家客廳擺設些什麼？」

他說：「沙發、電視機、音響、電話，還有一個人木櫃。」

「木櫃做什麼用？」

「擺些酒、幾個古董和花瓶。」

於是，我把那位計程車司機的故事說了一遍，然後對他說：「你家的風水差，不適合讀書。」

「為什麼？」

「因為你家既沒有好的讀書環境，又缺乏有讀書習慣的身教榜樣。」

事隔不久，朋友把客廳重新調整，木櫃換成書架，那套坐起來舒適而昏昏欲睡的沙發換掉了，客廳成為他讀書的地方，孩子們也學老爸開始讀起書來。

他說：「我決心和孩子一起培養好的閱讀習慣，我知道它用處無窮，是成功的好風水。」

閱讀習慣是成功的好風水，因為你為孩子們做出了榜樣。俗話說：「身教勝於言教。」成功的好風水自然還有許多，需要你去發現。其實，每一次成功都不是天上掉下來的餡餅，還要看你的努力有多少。

2・追求幸福

幸福不是衡量擁有的財富有多少，也不是取決於一個人的地位有多高；幸福的代價，只需要付出積極的態度。

在火車站前面，他看到一位中年男子走出站門之後，徑直來到一輛汽車旁，先吻了一下迎接他的妻子，又輕輕地吻了一下妻子懷中熟睡的嬰兒，生怕把他驚醒。然後，一家人就開車離開了。

他由此感慨道：每個人在每一天的生活中都會帶有某種幸福的成分。

對於某個人來講，你可能是幸福的、滿足的，也可能是不幸福的。

決定你幸福與否的因素只有一點：你接受積極還是消極心態的影響，這個因素是你所能控制的。

心理學家說：「幸福與心態的積極與否密切相關。如果一個人決心獲得這種幸福，那麼就能得到這種幸福。而心態消極的人不僅不會吸引幸福，相反還排斥幸福。即使幸福悄然降臨到身邊時，也會毫無覺察，或者失之交臂。」

猶太人的格言中，有一句話值得我們學習——「從幸福轉為不幸只須一瞬之間，從不幸轉為幸福或許需要費時終生。」

一輩子如果對周遭「人、事、物」永遠感到不滿足的人，你說他會幸福嗎？

3．左宗棠下棋

事實上，自己有多少斤兩？有幾把刷子？自己本身應該是心裡有數的，不要被一時的勝利沖昏了頭，而忘乎所以。

清朝名臣左宗棠喜歡下棋，而且棋藝高超，少有敵手。

有一次他微服出巡，在街上看到一個老人擺棋陣，並且在招牌上寫著「天下第一棋手」，左宗棠覺得老人太過狂妄，立刻前去挑戰，沒有想到老人不堪一擊，三盤下來連連敗北。左宗棠得意揚揚，命老人把那塊招牌拆了，不要再丟人現眼了。

當左宗棠從新疆平亂回來，見老人居然還把牌子懸在那裡，他很不高興，又去和老人下棋，但是這次竟然三戰三敗，被打得落花流水。第二天再去，仍然慘遭敗北，他很驚訝老人為什麼這麼短的時間內，棋藝能進步如此地快？

老人笑著回答：「你雖然微服出巡，但我一看就知道你是左公，而且即將出征，所以讓你贏，好使你有信心立大功。如今你已凱旋歸來，我就不再客氣了。」

左宗棠聽了心服口服。

天外有天，人上有人，人要學會正確地評價自己。不要被一些榮譽光環罩得看不清自己了。

4・不要讓錯誤越走越遠

欺騙別人，幸運的話對方也許一無所知，但欺騙者本身卻是刻骨銘心，一輩子永難忘懷。

有個人開了一家布店，過去一連數年，都是用一個短少尺寸的木尺賣布。有一天他良心發現，想要把尺換掉，規規矩矩地賣布，做個誠實的商人，但又轉念一想，不如先到對門的另一家布鋪看看他的尺寸如何再做打算。

他拿著一根小帶子，趁對方生意忙亂之際，偷偷用那個帶子把那家的木尺量了一量。回來一看，那家的木尺居然比他的還短少一公分。

於是，他強壓住自己的良心說：我的尺雖不足長度，還比對門的長了一公分，我總比他強。

因此，仍用那把木尺量布，繼續欺騙顧客。

有的人在想改正錯誤時，發現別人的錯誤比他更大時，他就會變得心安理得，好像自己根本就沒有犯過錯誤，結果反而會在錯誤的路上越走越遠。

5・別人的路不一定適合你

跟著別人的腳印，看似安全，其實也不見得，每個人都有自己的因緣際會，成功沒有固定的模式，唯有努力走出自己的路。

有個人要穿過一片沼澤地區，因為沒有路，便試探著走。雖很艱險，左跨右跳，竟也能找出一段路來，可好景不長，未走多遠，一不小心一腳踏進爛泥裡，沉了下去。

又有一個人也來到了沼澤地，看到前人的腳印，便想，這一定是有人走過，沿著別人的腳印走一定不會有錯。用腳試著踏去，果然實實在在，於是便放心走下去。最後也一腳踏空沉入了爛泥。

接著再來一個人，也是要穿過沼澤地，看著前面兩人的腳印，想都未想便沿著走了下去，他的命運也是可想而知！

最後一個人也是來到了沼澤地，看著前面眾人的腳印，心想：這必定是一條通往沼澤地彼端的大道，看，已有這麼多人走了過去，沿此走下去我也一定能走到沼澤的彼端。於是大踏步地走去，最後，他也沉入爛泥之中了。

世上的路不是走的人越多就越平坦越順利，沿著別人的腳印走，不僅走不出新意，有時還可能會跌進陷阱。

6・神射手與賣油老人

隔行如隔山，看似容易的事情，往往做起來卻不是那麼一回事！對自己目前的成就，千萬不要太自滿。

古代有一個人叫陳堯咨，他的箭術精良，被喻為當時的第一神射手。

有一次，陳堯咨在靶場練習射箭，旁邊站著許多人觀看；一個賣油的老人，挑著一副油擔，也在旁邊冷眼旁觀。

陳堯咨果然射藝非凡，不但箭箭命中目標，而且力道十足，支支穿透箭靶，因此，大家都一齊拍手叫好。只有這個賣油的老人微微點了幾下頭，表示出他並不十分佩服。

陳堯咨見狀，便轉頭問這個賣油的老人：「你也會射箭嗎？」

「我不會射箭，」賣油的老人搖著頭回答說：「不過，你雖然射得很好，但也沒有什麼特別的地方，依我看，只是手法熟練罷了！」

陳堯咨有點發怒了，便說：「你這老頭子，你既不會射箭又這麼小看人，真是豈有此理！」

「先生，請不要發怒！」賣油老人不慌不忙地說：「我是賣油的，也從酌油上得了一點小經驗，現在請你看一看吧！」

賣油老人把一個盛油的葫蘆放在地下，用一個銅錢放在葫蘆口上，然後用油勺子將油從錢眼裡瀝下去。瀝進去了許多油，可是一點也沒有沾到錢眼上。

「你看！這也沒有什麼特別的地方，只是手法純熟罷了！」賣油老人抬起頭來，笑著對陳堯咨說。

陳堯咨聽了不禁感到萬分慚愧，的確老人家所說的一點也沒錯。

從此以後，陳堯咨再也不敢以第一神射手自誇了。

7・說話的藝術

善於掌握說話技巧的人，就是善於經營人際關係的成功人士。同樣的一句話，在不恰當的時機，卻引來了危機。

有個人為了慶祝自己的四十歲生日，特別邀請了四個好朋友，請他們來家裡吃飯，以示慶祝。

有三個人準時來了。

只剩一人，不知何故，遲遲沒有來。

這人有些著急，不禁脫口而出：「急死人啦！該來的怎麼還沒來呢？」

其中有一人聽了之後很不高興，對主人說：「你說該來的還沒來，意思就是說我們是不該來的，那我告辭了，再見！」說完，就氣沖沖地走了。

一人沒來，另一人又氣走了，這人急得又冒出一句：「真是的，不該走的卻走了。」剩下的兩人，其中有一個生氣地說：「照你這麼講，該走的是我們嘍！好，我走。」說完，掉頭就走了。

又把一個人氣走了。主人急得如熱鍋上的螞蟻，不知所措。

最後剩下的這一個朋友交情較深，就勸這人說：「朋友都被你氣走了，你說話應該留意一下。」

這人很無奈地說：「他們全都誤會我了，我根本不是說他們。」

最後的朋友聽了，再也按捺不住，臉色大變道：「什麼！你不是說他們，那就是說我啦！莫名其妙，有什麼了不起。」說完，鐵青著臉也走了。

雖然以上是一則流傳甚廣的笑話，但這則笑話卻在指導我們說話時應考慮聽話者的立場，否則沒有惡意的話，也會造成惡意的效果！記住：說話是一門藝術，不同的詞彙組合、不同的語氣，都會帶來不同的效果。

8・樸素之心

有人說社會是一個大染缸，任何人也難免會沾上。因此，保有一顆樸素的赤子之心，反而成為修行者的終生目標。

有個皇帝想要整修京城裡的一座寺廟，派人去找技藝高超的設計師，希望能夠將寺廟整修得美麗而莊嚴。

後來有兩組人員被找來了，其中一組是京城裡很有名的工匠，另外一組是幾個和尚。由於皇帝沒有辦法判斷到底哪一組人員的手藝比較好，於是他就決定給他們一個機會做出比較。

皇帝要求這兩組人員各自去整修一個小寺廟，而這兩個寺廟互相面對面；三天之後，皇帝要來觀看效果。工匠組向皇帝要了一百多種顏色的顏料和工具。而讓皇帝覺得奇怪的是，和尚們居然只要了一些抹布與水桶等簡單的清潔用具。

三天之後，皇帝來了。他首先看到的是工匠們所裝飾的寺廟。他們用了非常多的顏料，以非常精巧的手藝把寺廟裝飾得五顏六色。皇帝很滿意地點點頭，接著回過頭來看看和尚們負責整修的寺廟，他看了一眼就愣住了。

寺廟感覺非常乾淨，裡面所有的物品都顯出了它們原來的顏色，而它們光澤的表面就像鏡子一般，無瑕地反射出外界的色彩，那天邊多變的雲彩、隨風搖曳的樹影，甚至是對面五顏六色的寺廟，都變成了這個寺廟美麗色彩的一部分，而這座寺廟只是寧靜地接受這一切。

皇帝被這莊嚴的寺廟深深地感動了。當然，我們也知道最後的勝負了。

每件事物都有自己的風格和特點，如果我們用大量的油漆塗抹掉它本來的面目，它也就失去了內在的價值。

這件事情也告訴我們一個處世處方每個人都有其特色，因此不必為了迎合別人，而偽裝自己。

9・傳話的藝術

傳話可把事態擴大，亦可把事態縮小。會傳話的人懂得只能傳好話，不會傳話的人，只會把事情搞砸了。

同在一間公司的張小姐和王小姐素來不和。

有一天，張小姐忍無可忍地對另一個同事李先生說：「你去告訴王小姐，我真受不了她，請她改改她的壞脾氣，否則沒有人會願意理她的！」

李先生說：「好！我會處理這件事。」

以後張小姐遇到王小姐時，王小姐果然是既和氣又有禮，與以前相較，簡直判若兩人。張小姐向李先生表示謝意，並且好奇地問：「你是怎麼說的？竟有如此的神效。」

李先生笑著說：「我跟王小姐說：『有好多人稱讚妳，尤其是張小姐，說妳又溫柔又善良、脾氣好、人緣更佳！』如此而已。」

關於說話的藝術，實在不勝枚舉，在此我們要介紹一個絕妙的笑話——

人格高潔又受到眾人歡迎的總統祕書長摔死了。於是，有很多人為了這空缺，紛紛毛遂自薦，想爭取這個好職位。祕書長還未下葬，就有一個候選者跑來跟總統說：「總統閣下，我想代理祕書長的位置？您會反對嗎？」「哪裡，我不會反對！」總統回答：「你去問葬儀社老闆吧！」

10・人不可失去本來的面目

名字只是一個符號，最重要還是本身的內涵，只圖用名字壯大自己的人，其實是心虛的人。

有一個富翁高價買了一隻貓，他自認此貓長相不凡，因此名叫虎貓。同時他還特別邀請了一群朋友來家裡觀賞這隻貓。

有個朋友向他建議，老虎固然兇猛，不如龍來得神奇莫測，不如叫龍貓。

有一個朋友則建議，龍固然比虎神奇，但龍升天需要依附空中的雲彩，雲豈不是超過龍嗎？不如取名為雲貓。

又有一個朋友對他說，雲雖然能遮天，但風一來雲就消失得無影無蹤，不如叫風貓。

又有一個朋友說，風一碰到牆，就被擋住了，不如叫牆貓。

最後一個朋友則說，牆最怕老鼠打洞，不如叫鼠貓。

這富翁聽了哈哈大笑，捕捉老鼠本來就是貓的本性，貓就是貓，為啥要使牠失去本來的面目呢？

一般有錢人或有地位的人，在他身邊都有一大票拍馬屁的阿諛之徒，因此這種人耳朵必須很靈，才不會耳不聰、目不明……

II・最美麗的女孩

莎士比亞曾經說過：「神給你一張臉，可你卻重新塑造了另一張臉。」言下之意就是說，每一個人都可以自己改造與生俱來的那張臉。

在學校裡，有一個長得很醜的女孩，學校的人常常譏笑她，甚至給她取了一個綽號：「醜八怪」。

每當別人這樣叫她時，她都氣得要命，有時甚至氣得大哭起來。

有一天，當她又因為別人的取笑在那裡痛哭時，有一位慈祥的老工友經過，問明她難過的原因後，老工友告訴她變得漂亮的祕方——

第一、臉上常常掛著笑容，碰到同學就親切地打招呼。

第二、絕不自怨自艾，不再去管自己的長相如何。

第三、樂於幫助人，用一顆善良的心去服務別人。

老工友告訴她，只要切實遵守這些祕訣，三個月後她一定會變成全校最美麗的姑娘。於是這女孩聽了老工友的話，全心全力地去實踐這些祕訣。沒有多久，她果然成為全校同學最喜歡、最有人緣、最樂於相處的人了。

一個人的美，並不局限於五官搭配的外在，更主要的是他的內心。內在美所帶來的魅力，是任何整型和化妝都難以達到的。

12．與成功賽跑的人

誰快誰贏得機會，誰快誰贏得財富。

無論相差只是0.1毫米還是0.1秒鐘——毫釐之差，天淵之別！

在非洲的大草原上，早晨曙光剛剛劃破夜空，一隻羚羊從睡夢中猛然驚醒。

「趕快跑！」牠想：「如果慢了，就可能被獅子吃掉！」

於是，起身就跑，向著太陽飛奔而去。

就在羚羊醒來的同時，一隻獅子也驚醒了。

「趕快跑！」獅子想：「如果慢了，就可能會被餓死！」

於是，起身就跑，也向著太陽奔去。

誰快誰就贏，誰快誰生存。一個是自然界獸中之王，一個是食草的羚羊，等級差異，實力懸殊，但生存卻面臨著同一個問題——如果羚羊快，獅子就餓死；如果獅子快，羚羊就被吃掉。

當年貝爾在研製電話時，另一個叫格雷的也在研究。兩人同時取得突破。但貝爾在專利局贏了——比格雷早了兩個鐘頭。當然，他們兩人當時是不知道對方的，但貝爾就因為早這一百二十分鐘而一舉成名，同時也獲得了巨大的財富。

在競技場上，冠軍與亞軍的區別，有時小到肉眼無法判斷。比如短跑，第一名與第二名有時相差僅0.01秒；又比如賽馬，第一匹馬與第二匹馬相差僅半個馬鼻子（幾釐米）……但冠軍與亞軍所獲得的榮譽與財富卻相差天地之遠。

全世界的目光只會聚焦在第一名的身上。冠軍才是真正的成功者。第一名後面，都是輸家。時間的「量」是不會變的，但「質」卻不同。關鍵時刻一秒即可值萬金。

13・無罪之人

富有的慈善家們都沒注意到，他們施捨給窮人的東西，往往是從更貧窮的人們手中壓榨來的。——托爾斯泰

從前有一個作惡多端的強盜，犯下數起重大刑案，最後終於被捕落網，並且判處死刑。

行刑前，這個強盜在國王前面哀求說：「國王啊！我自認是個大罪人，應該處死，但我家裡珍藏一顆祖先傳下來的金神籽，若我死了就沒有人知道了，因此我願意送給國王，它會結出許多金果實來，可以大大增加您的財富。」

國王說：「你這個大笨蛋，如果你真有一顆金神籽，為什麼不自己種植，而要去搶人家的錢呢？」

強盜回答：「報告國王，這顆金神籽很特別，必須是無罪之人才可以種植，因為我犯了很多的罪，所以不能種。」

國王看看周圍的文武百官，問哪一個人可以種金神籽，大家彼此面面相覷，都表示不能種。這時強盜哭訴：「國王啊！求您評評理，大家都自認有罪，為何只有我要受死呢？」

從廣義上講，人人都有犯罪的傾向。人們在法律面前要學會自律，才能使自己不成為罪犯。

14・拉火車與開火車的人

當火車剛剛誕生時，有人騎著駿馬與火車賽跑，他們嘲笑落在後面的火車，但到了今天，除了傻子，再不會有人騎馬與火車比賽了。

在十九世紀初期。

非洲開始修築第一條鐵路時，許多人都沒有看過火車的樣子。當鐵軌鋪設完成之後，從歐洲運來的火車頭準備在上面展開試車。

工程師僱來一批土著幫忙把車頭從船上拖下來，將近兩、三百個土著費盡九牛二虎之力，才勉強把火車頭放在鐵軌上。大家都得意揚揚，認為人的力氣還是比較大，也都以為火車頭要靠人來拉才能走得動。

這時，火車司機來了。他上了火車頭，打開了蒸氣發動機。

一陣濃濃的煙霧之後，龐大的車頭緩緩開動，不久就飛快地奔馳起來，所有土著都看得目瞪口呆，驚訝萬分。

——這個人力氣怎麼這麼大呀！

郭台銘如果凡事親力親戚，他如果不是忙死，就是累死。這是一個通力合作的時代，人只要各司其職，就能推動社會的輪軸。

15・算命先生的一根手指

人們在徬徨的時候，往往會將抽象的東西具體化，盲目的信仰就是因此而產生力量的。

三個學生一同赴考，因為擔心考試的結果，始終無法靜下來。於是共同出錢，找來一個算命先生問一問，那算命先生不發一言，只是伸出一根指頭。

到了放榜時，果然照算命先生所預料，三個人中只有一個及第。他們三個非常佩服他算得準，就預備了禮物去拜訪那算命先生。

「你怎麼能預知我們三個人中只有一個會及第的？」

「那還不簡單！」算命先生說：「我伸出一根指頭，三個人中有一個及第那就是了。如果有兩個及第的話，就是代表一個落第。如果皆及第就是一起中榜的意思。皆落第也是一起的意思呀！」

事物的正反面都有一個天秤，你傾向正面，得到的就是正面；你傾向反面，得到的就是不好的那一面！

16・哲學家與老農夫

經驗的法則告訴我們，唯有選擇好目標的人，才會迅速抵達目的地。

有位哲學家漫步於田野中，發現水田中老農夫新插的秧苗竟排列得十分整齊，猶如用尺丈量過一樣。

他不禁好奇地問田中工作的老農夫是如何辦到的。老農夫忙著插秧，頭也不抬地要他自己取一把秧苗插插看。

哲學家立刻捲起褲管，彎下腰來，喜滋滋地插完一排秧苗。可是，抬頭一看，結果竟是參差不齊，慘不忍睹。

他再次請教老農夫，老農夫告訴他，在彎腰插秧的同時，眼光要盯住前面一樣東西當目標。

於是，哲學家照他說的做了，不料插好的秧苗竟成了弧線。

老農夫問他：「你是否盯住了一樣東西？」

「是呀，我盯住那邊吃草的水牛，是一個大目標啊！」

「但你有沒想到，水牛邊走邊吃草，而你插的秧苗也會跟著移動，所以啊，你說這個弧形是怎麼來的？」

確立每一個里程的目標，是極其重要的。沒有大到不能完成的夢想，也沒有小到不值得設立的目標。只有朝著確立的目標行動，才能有成功的希望。

17．上帝的三封信

「生老病死」是人類無法逃脫的宿命，這與大自然「春夏秋冬」四季循環是一致的。因此，「人貴自知、將無所懼。」不能逃避的，何妨勇於面對。

一位老先生因為心肌梗塞而死，他向上帝大發牢騷說：「上帝啊！你叫我回來，我一點也不埋怨你。但是為什麼在召我回來之前，不先通知我一聲？叫我做好心理準備，對子女也有個交代，你讓我完全措手不及。」

上帝溫柔地回答說：「我曾寫了三封信給你，提醒你預備好回老家呀！」

老人驚訝地說：「沒有啊！我怎麼沒收到呢？」

上帝看著他說：「第一封信是我讓你開始腰酸背痛了；第二封信則是讓你的頭髮漸漸斑白了；第三封信是使你的牙齒逐漸鬆動不易咬合。這些都是提醒你快回老家的信號啊！」

人上了年紀，衰老的信號就會不斷出現。生老病死，是人一生中不可避免的，雖然，有人與死神擦肩而過，有人在參加告別式之後，會對人的生死存亡有一番感悟，可卻無人敢輕言不恐懼死亡。

18・愛有多深恨就有多深嗎？

人們常常會因為氣在一時，而口不擇言，殊不知有時候這道鴻溝，反而會成為一輩子無法收拾的敗筆。

曾有一個被女朋友拋棄的男子，對好友數落了一大堆女孩的不是，連各種不堪入耳的難聽的話都罵出來了。

過不了多久，他們居然復合，而且很快結婚了。

後來再遇到這位好友，此人很不好意思地說，當時他說的全是氣話，希望藉此能忘掉對方。

「我不懂，你當時為什麼那樣恨她？」好友不解地問。

「我不去恨，怎麼能忘得了她呢？」男子說：「恨是為了讓我自己能活下去的理由呀！」

「那麼，你恨她會覺得很快樂嗎？」

「不！恨不會快樂，愛才會讓人又感到很快樂！」

「嗯……」朋友點點頭，揚長而去。

既然相愛過，就有愛的理由，不論是相愛還是分手，都不要攻擊對方，那是對愛的懷疑，是對自己的懷疑。也不要去尋找「愛有多深，恨有多深」的算數題目。

19・不用羨慕別人而貶低自己

你覺得自己是可憐的秒針嗎？
不要因為悲哀佔滿心頭，而忘卻歡樂的滴答聲……

午夜時刻——

客廳中一架巨大的掛鐘滴答滴答地響著。

這時，突然聽見一陣啜泣聲，於是客廳的家具們到處尋找聲音的來源，原來是大掛鐘的秒針正在飲泣。

秒針哭著說：「我好命苦啊！每當我跑一圈時，分針才走一步，我跑60圈，時針才走一步。我一天要跑1440圈，一星期有7天，一個月有30天，一年有365天……我如此瘦弱，卻要分分秒秒地跑下去，我怎麼跑得動呢？」

旁邊的枱燈安慰它說：「不要去想還沒來到的事情，只須一步一步地往前走，你將會走得輕鬆愉快。」

有的人就喜歡抱怨，要知道，社會就如同一部機器，每個人都是一個零件，每個人都有自己的分工，對於整部機器而言，每個零件都很重要，都缺一不可。

20・蘇格拉底的智慧

美國有句諺語：「沒有人會踢死的狗！」

一個人會受到誣衊或攻擊，

是因為有人想利用你墊高自己，

所以面對這一切，你大可不必隨風起舞……

一天，希臘大哲學家蘇格拉底和一位老朋友在雅典城裡優哉遊哉地散步，一邊走一邊愉快地聊天。忽然有位憤世嫉俗的青年出現，用棍子打了他一下就跑走了。

他的朋友看見了，立刻回頭要找那個傢伙算帳。

但是蘇格拉底拉住他，不要他去報復。

朋友覺得很奇怪，就說：「難道你怕這個人嗎？」

蘇格拉底說：「不，我絕不是怕他。」

朋友又問：「那麼人家打你，你都不還手嗎？」

此時蘇格拉底笑著說：「老朋友，你糊塗啦，難道一頭驢子踢你一腳，你也要踢牠一腳嗎？」

他的朋友點點頭，就不再說什麼了。

一個人的品格來自於他的修養，稍有委屈就想報復，絕不是有識之士的行為準則。有智慧的人，會不屑於低俗的手段或言語。

21・看清楚自己

沒有主見的人，往往無法忍受別人的閒言閒語，反而會被牽著鼻子走，最終迷失了自己。

有個農人帶了一些雞蛋在市場販售，只見他在一張紙板上寫著：「新鮮雞蛋在此銷售。」

這時，有個人過來對他說：「老兄，何必加『新鮮』兩個字，難道你賣的雞蛋不新鮮嗎？」他想一想有道理，就把「新鮮」兩字塗掉了。

不久，又有個人對他說：「為什麼要加『在此』呢？你不在這裡賣，還會去哪兒賣？」他也覺得有道理，又把「在此」兩字塗掉了。

一會兒，一個老太太過來對他說：「『銷售』一個字是多餘的，不是賣的，難道會是送的嗎？」他又把「銷售」擦掉了。

最後，又來了一個人，對他說：「你真是多此一舉，大家一看就知道是雞蛋，何必寫上『雞蛋』兩個字呢？」

結果所有的字，全都塗掉了。

一個人如果缺乏主見，在人生的旅途上，往往會走得比別人辛苦，因為他必須多走幾趟冤枉路！

22・人須要靠衣裝嗎？

現代的社會雖然有人過分追求名牌效應，可是適切得體的穿著，仍是人際關係中基礎的禮儀。

有一位行為學家曾做過一個實驗，他本人以不同的打扮出現在同一個地點。當他身穿西服以紳士模樣出現時，無論是向他問路或問時間的人，大多彬彬有禮。當他打扮成無業遊民時，接近他的多半是流浪漢。

這說明，一個人的外在儀表即使不會是全部，至少也會部分地反映他的個性、愛好、人品以及層級等觀念。

莎士比亞說：「如果我們沉默不語，衣飾與體態也會洩漏我們過去的經歷。」

第三章

除了自己，你還會關心什麼？

I・蜈蚣的腳

很多東西不是越多越好，凡事都有一個度，超過了這個度，好事就會向壞事方面轉化。

據說，上帝在創造蜈蚣時，並沒有為牠造腳，但是牠可以爬得和蛇一樣快速。有一天，牠看到羚羊、梅花鹿和其他有腳的動物都跑得比牠還快，心裡很不高興，便嫉妒地說：「腳多，當然跑得快。」

於是，牠向上帝禱告說：「上帝啊！我希望擁有比其他動物更多的腳。」

上帝答應了蜈蚣的請求。把好多好多的腳放在蜈蚣面前任憑牠自由取用。

蜈蚣迫不及待地拿起這些腳，一隻一隻地往身體貼，從頭一直貼到尾，直到再也沒有地方可貼了，牠才意猶未盡地停止了。

左瞧右瞧，牠心滿意足地看著滿身是腳的自己，心中竊喜：現在我可以像箭一樣地飛出去了！

但是，等牠一開始要跑步時，才發覺自己完全無法控制這些腳。這些腳劈哩啪啦地各走各的，除非全神貫注，才能使一人堆腳不致互相絆跌而順利地往前走。

這樣一來，牠走得比以前更慢了。

「過猶不及」，是指事情做過頭了，就跟做得不夠一樣，都是不適合的。

2．境由心造

你是否有這種經驗？明明是同樣的景色，為什麼昨天和今天會產生差異那麼大的不同感覺呢！

在美國，有位軍官接到命令，要他前往靠近沙漠的地方駐防。那裡的生活條件很差，這位軍官原本不想讓新婚的嬌妻跟他一起吃苦，但是妻子一定要跟去。他們在靠近印第安人村落的地方找了一間棲身的小木屋，這裡白天酷熱難耐，風一年到頭吹個不停；更要命的是旁邊住的都是不懂英語的印第安人，雙方無法交流。日子一長，妻子覺得極其無聊。她就給母親寫了信，訴說苦處。

母親很快回信了，意味深長地告訴女兒：「有兩個囚犯從獄中望向窗外，一個看到的是泥巴，一個看到的是星星。」新娘想了想，便對自己說：「那我就去尋找那些星星吧！」

從此，她改變了以往的生活方式，走出屋外，與周圍的印第安人交朋友，並請他們教她怎樣織東西和製陶。開始印第安人對她並不友好，可一段時間後發現她確實待人和善，他們也漸漸以誠相待。她開始研究起沙漠，最終成了一名沙漠專家，並寫了一本有關沙漠的暢銷書。

物隨心轉，境由心造，一切煩惱皆由心生。所以英國作家狄更斯說：一個健全的心態，比一百種智慧更有力量。

3・一點一點往上加

人人都有物欲的需求，這是人性的本能。增加會讓人心得到滿足，減少則會讓人失望埋怨。

莊子齊物論說：有位養猴子的人拿橡果子給猴子吃，說：「早上三升，晚上四升。」那群猴子都生氣了。於是改說：「那麼，早上喫升，晚上三升好了。」那群猴子聽了，就變得很高興了。名目上雖沒有變化，實質上也是一樣，可是卻產生了喜怒兩種不同的境界！

這就是「朝三暮四」的故事了。

掌管著美國好樂公司30億美元資產的副總裁艾麗莎・巴倫二十歲時曾當過一家糖果店的店員。來店的顧客特別喜歡她，總是等著她給自己售貨。

有人十分好奇地問艾麗莎：「為什麼顧客都喜歡找妳，而不找別的小姐，是妳給的特別多嗎？」

艾麗莎搖搖頭說：「我絕對沒有多給他們，只是別的小姐稱糖時，起初都拿得太多，然後再一點點地從磅秤上往下拿。而我是先拿得不夠，然後再一點點地往上加，顧客自然喜歡我了。」

艾麗莎抓住了人們心理的微妙變化，一點點地往上加要比一點點往下拿，心理上要舒服得多。我們也可以如此自勉：人生也要一點一點的往上加，而不是一點一點的往下減……

4・答案掌握在你手中

心裡慈悲，一切都可原諒；心裡黑暗，一切萬劫不復。事物沒有改變，變的是你的心態。

有位神祕的智者，具有非常豐富的知識和洞悉事物的前因後果能力。他答覆任何問題從來不會答錯。

有一個調皮的男孩對其他男孩子說：「我想到了一個問題，一定可以難倒那個智者。我抓一隻小鳥藏在手中，然後問他，這隻小鳥是死的還是活的？如果他回答是活的，我就立刻將手裡的小鳥捏死，丟到他腳邊；如果他說小鳥是死的，我就放開手讓小鳥飛走。不論他怎樣回答，他都肯定是錯。」

打定主意之後，這群男孩跑去找到了那位智者。

調皮的男孩伸出手來，立刻問他：「聰明的人啊，請你告訴我，我手上的小鳥是死的，還是活的？」

那位智者沉思了一下，才微微地一笑，他回答說：「親愛的孩子，你要牠如何，牠就會如何啊！」

人生的每一步路都是自己選擇的，如果能夠像希臘大哲學家　格拉底所說的「認識自己」。那麼，你就不會迷失了。

5・李嘉誠與兩毛錢

一個成功的人士對金錢的態度，與一個失敗的人對金錢的看法，為什麼會截然不同呢？這就是成功與失敗的分野！

李嘉誠有一次在飯店大門口下車的時候，把一枚兩毛錢的硬幣掉在了地上，硬幣滾向路邊的排水口去了，他便蹲下身來準備去撿，這時守在大門口的一位印度籍的保全人員便過來幫他拾起，然後交到他的手上。

李嘉誠把硬幣放進口袋，然後從口袋中取出一張百元鈔票作為酬謝交給他。

有記者曾問起這件事，李先生的解釋是：若我不去撿那枚硬幣，它就會滾到陰溝裡，在這個世界上消失。而我給保全人員一百元，是他應得的報酬。我覺得錢可以拿去用，但不能白白浪費。

李嘉誠是商人，商人的法則是創造最大的利潤，但這件事並不是可以用經濟規律解釋得通的。這其實說明了李先生的理財哲學和行事風格，最重要的是——他對金錢的態度。

這世界上有很多人，看不起小錢，認為省一塊減五毛，他也不會變成富人。其實就是這種對小錢的觀念，讓他永遠進入不了富人的行列。

6・你是否只關心自己？

在有「我」的情況下，
人們往往會忽略了「他」的存在，
如果這社會只有「我」，
那麼社會就不會被組成了。

有一天吃晚飯的時候，正在上小學的弟弟給全家人提出了一個很奇怪的問題：「要是全世界的電話線路都斷掉了，會產生什麼結果？」

當醫生的爸爸回答說：「病危的人就不能得到及時找到下班的醫生，回來救治他，這樣會造成死亡率上升。」

當消防隊員的哥哥回答說：「報警的電話線停了，會延緩消防隊人員的出動，這會使火災的損失大大增加。」

熱戀中的姊姊回答說：「兩人約會的次數，一定會大大減少。」

善於持家的媽媽高興地說：「那太好了，我們就不用付電話費了！」

在面對問題時，人們總會以自己最熟悉和最關心的角度出發，而不去考慮到別人，雖然這只是一個假設問題，但它卻反映出為什麼現代人越來越冷漠的道理。

7・盲人怎樣買剪刀？

人人都很容易被誤導，這是一種「先入為主」的觀念在作崇，而往往忽略了事物的本質。

阿西莫夫從小就很聰明，在年輕時多次參加「智商測試」，得分都在一六〇左右，屬於「天賦極高」之列。

有一次，他遇到一位汽車修理工，是他的老熟人。修理工對阿西莫夫說：「嗨，博士！出一道思考題，看看你能不能回答正確。」

阿西莫夫點頭同意。修理工便開始說思考題：「有一位聾啞人，想買幾根釘子，就來到五金商店，對售貨員做了這樣一個手勢：左手食指立在櫃檯上，右手握拳做了敲擊的樣子。售貨員見狀，先給他拿來一把鎚子，聾啞人搖搖頭。於是售貨員就明白了，他想買的是釘子。聾啞人買好釘子，剛走出商店，接著進來一位盲人。這位盲人想買一把剪刀，請問：盲人將會怎樣做？」

聰明的阿西莫夫順口答道：「盲人肯定會這樣……」他伸出食指和中指，做出剪刀的形狀。

聽了阿西莫夫的回答，汽車修理工開心地笑起來：「哈哈，答錯了吧！盲人想買剪刀，只需要開口說『我買剪刀』就行了，他幹麼要做手勢呀？」

看似簡單的事情，卻因為人類有鑽牛角尖的習性而將之複雜化了。其實，越是複雜的社會，越要用單純的眼光去看它。

8・黑便士郵票

「破斧沉舟」與「孤注一擲」在意義上是絕對不同的，前者是有十足的決心，後者則是有賭徒的架式。

在一場郵票收藏家蜂擁而至的珍稀郵票拍賣會上，拍賣正進入最高潮。所有人望著台上那兩枚全球僅存的黑便士郵票，價格節節高漲，已經喊到了40萬美元的空前天價。

接著又是漫天喊價——

「50萬美元！」

「60萬美元！」

「70萬美元！」

「100萬美元！」

大家都傻了，一陣沉默……

突然，角落一個聲音高喊：「200萬美元！」

拍賣會上所有的人都嚇了一大跳，居然有人會開出這個難以想像的價錢。

不過，更出乎意料的事情還在後面。當這個得標的中年人上台繳款、拿到郵票之後，他立即把相連的兩枚郵票撕開來，並且掏出打火機，將其中一枚郵票點燃燒毀掉了。

這個一下子燒去100萬美元的舉動，馬上引起會場上更大的騷動。台上的中年人揚起雙手大聲喊道：「各位，不要緊張！我之所以會用意想不到的高價買下這兩枚郵票，是因為在這郵票當中，藏有一個無價的天大祕密。而這個祕密，又一定得要燒掉其中一枚郵票之後方能展現出來。現在，我再將這枚郵票提供出來拍賣，誰能買下郵票的，我將會把那個祕密告訴他！」

拍賣場內登時陷入一片瘋狂的氣氛當中，眾人此起彼落、爭相出價，最後終於以900萬美元的高價將那枚郵票賣出。

得標的那人高興地衝上拍賣台，拿了郵票之後，便急著要那個中年人將郵票當中所蘊藏的小祕密告訴他。

中年人接過900萬美元的支票，在那名得標者的耳邊，輕聲地告訴他：「祕密就是——這枚郵票，現在已經是全球唯一的一枚郵票，因為獨一無二，所以它價值連城，你務必得要小心保存。」

現今是一個創意的年代，在行銷的手腕上如何匠心獨具，將是決定此項產品是否能夠成為暢銷熱賣的關鍵！

9・失敗是一種力量

以《戀愛中的女人》而享譽文壇的英國作家勞倫斯曾說：「真正的成功只能帶來榮譽，而真正的失敗卻能帶來真正的勇氣和力量。」

那已是他在一年裡失去的第六份工作。

北風呼嘯的寒冬裡，他窩在滴水成冰的小屋裡，向朋友訴說自己的沮喪。

他擁有英語檢定資格，第一家公司卻認為他口語不過關；他是電腦二級程序員，第二家公司嫌他打字速度太慢；第三家呢？他與部門經理不合，他主動炒了老闆；接連第四家、第五家……

他暗淡地說：「一次次全是失敗，讓我浪費了一年的時間。」

朋友一直耐心聆聽，此刻說：「講個笑話給你聽吧。一個探險家出發去北極，最後卻到了南極，人們問他為什麼，探險家答：『因為我帶的是指南針，我找不到北方。』」

他說：「怎麼可能呢，南極的對面不就是北極嗎？轉個身就可以了。」

朋友反問：「那麼失敗的對面，不就是成功嗎？」

在瞬間，他如大夢初醒，徹底懂得了失敗的寶貴。

所謂失敗，是令你溺水的深潭，也是能為你解渴的甘泉。

失敗是一個過程，而非一個結果；是一個階段，而非全部。正在經歷失敗的，是一個「尚未接受考驗」的過程。只要正視這一事實，你就會明白你還沒有出局，有的是更多的努力空間。

10・讓自己的心留點餘地

人生就是隨時要為自己留點餘地，否則就像長久繃得緊緊的弦弓，缺少了彈性，跟本就無法再使用了。

有位年輕人想學禪，找到一位著名的禪師，禪師開導他很長時間，年輕人還是找不到入門的路徑。於是，禪師端起茶壺，朝年輕人面前的碗裡倒茶。茶碗已經斟滿，禪師還在不住地倒。

年輕人終於忍不住地提醒說：「師父，別倒了！茶杯已經裝不下了。」

禪師這才停住手，慢悠悠地說：「是啊，裝不下了。你也是這樣，要想學到禪的奧妙，就必須把腦袋空出來呀，把充塞其中的諸多幻象和雜念清除出去。」

聽了此言，年輕人當下大悟。

11・誠實比聰明更有價值

貝多芬曾說：把「德性」教給你們的孩子，使人幸福的是德性而非金錢。

有一天，有個木匠不小心把自己的斧頭掉在了河裡，他請求墨丘利幫自己找回來（墨丘利就是羅馬人對眾神使者赫爾墨斯的稱呼）。

墨丘利潛入水中，不一會兒，帶回一把金斧頭，但誠實的木匠卻說這不是他的斧頭。墨丘利第二次入水帶回一把銀斧頭，但木匠還是直說不是。墨丘利第三次帶回了一把帶木柄的普通斧頭，木匠興高采烈地說：「這正是我丟失的那一把。」

墨丘利十分欣賞木匠的誠實，便把三把斧頭一起送給了木匠。

墨丘利的慷慨很快就傳播開來，有一個聰明的無賴決定抓住這一機會。他也來到河邊，在岸上放聲大哭說自己丟了一把斧頭。墨丘利聽到哭聲來到他身邊，他請求墨丘利為他撈斧頭。墨丘利首先還是撈出一把金斧頭，問無賴是不是他丟失的那一把斧頭。

結果，這名無賴興奮地說：「是的，我丟的正是這一把。」

「你這個無恥的蠢貨，」墨丘利勃然大怒，「你竟敢在一位能一眼把你看穿的神靈面前說謊，貪婪將使你受到懲罰，你的一生將窮困不堪！」

在我們尋求外在的財富和內心的豐富時，誠實始終是最為重要的東西，當然，誠實本身就是你一輩子最重要的品牌財富。

12・希望就是全部

在你最窮困的時候，「希望」是唯一不必看任何人的臉色就能獲得的東西。

羅馬皇帝亞歷山大出發遠征波斯之前，他將所有的財產分給了臣下。大臣之一的皮爾底加斯非常驚奇，問道：「那麼陛下，您帶什麼起程呢？」

「希望——我只帶這一份寶物。」亞歷山大回答說。

聽到這個回答，皮爾底加斯說：「那麼請讓我也來分享它吧。」

亞歷山大帶著唯一的希望出發，卻帶回來了所要征服的一切。

在人的一生中，如果在面臨不幸時，仍能保持對未來的希望，那就意味著你的人生還有希望。生命既然給了我們憧憬明天的權利，我們為什麼不用呢？

13・國王的車夫

如果你熟悉一個人的背影，也應該端詳那個人的面孔，多付出一份關懷，會溫暖無數人的心。

一天，國王在花園裡隨意走著，忽然看見前面跪著一個人。

國王吃了一驚，問左右：

「那是誰，跪在那裡做什麼？叫他過來。」

那人走到跟前，連連叩頭，說：

「小人受人陷害，求國王救命。」

「你是幹什麼的？」國王問。

「20年來，小人一直為國王趕車。」

「你抬起頭來——咦，我怎麼沒有見過你？」

侍衛聽到這話，斥道：「還不快滾。」

那人慌忙爬起來，退了幾步，轉身要走。國王看到他的背影，若有所思，命左右：「叫他回來。」

國王說：「他確是我的車夫，我看到他的背影才想了起來。」

人生有很多時候，距離位置角度一變，本來熟悉的東西就不認得了。比如說你在台上時，別人只認得你手中的權力，未必認識你這個人。

14．絕處可逢生

在人生低潮時，有些人只會一味的埋怨、自暴自棄，殊不知跌在谷底，就是開始有攀升的機會了。

在第二次世界大戰時，有艘船被炮彈擊中沉沒，全船只有一個人活著漂到孤島，獨自一人在島上艱苦地生活。

他天天站在岸邊搖白旗，希望有人來救他，可是一直都沒有結果。

有一天，他千辛萬苦所搭蓋的茅屋突然起火燃燒，而且一發不可收拾，把他所有的家當都燒光了。

他傷心之餘，埋怨上帝：「我唯一的棲身之處，僅有的一點生活用品，都化為灰燼了，上帝啊，你為何使我走上絕路？」

不久，忽然有人駕船來救他，他問他們怎麼知道島上有人。救他的人說：「我們起先也不知道，但是看見島上有火光，所以船長派我們來看看。」

他起初的埋怨，變為大大的感激，因為上帝藉這把火救了他。

事情都是一分為二的。好事可以向壞事轉變，壞事也可以向好事轉變。正如古人所說：「塞翁失馬，焉知非福？」

15・人性的弱點

「千穿萬穿、馬屁勿穿！」雖然古人如此告誡我們，但是在人際學上，馬屁文化還是到處可見。因此，為人處世不得不慎！

有一天，一位同鄉求見曾國藩，曾國藩對於離鄉背井鄉親極為照顧，當然接見，也相談甚歡，就留此人共餐。

用餐的時候，這人對曾公說：「天下有三種人是沒有人會去欺騙他們的，一種是不能欺，就像李中堂（鴻章）精明練達誰也騙不了他；一種是不敢欺，倘若欺了，逃到天涯海角也會被那人給抓回來，還有一種人，別人根本不忍心欺騙他，就像您，忠心仁厚，忠誠待人，誰忍心欺騙您？」

一向以「忠厚耿直」自我要求的曾國藩一聽此言，真有相見恨晚之感，即安排此人管理糧餉。

想不到半年之後，此人竟捲巨款潛逃無蹤！

曾公聞訊，撫胸嘆息道：「他說不忍欺我，不忍欺我！」

人們常有一種錯覺，對不是很熟識的人，只要對方一席恭維話，就會讓我們產生一種「引為知己」的感覺！

16·智慧的礦工

心慌意亂的情況下，往往成事不足敗事有餘，在困頓之中唯有冷靜，才能尋找出生存之道。

有幾個老礦工，他們終日在極深的坑道中工作。有一天，礦燈出現故障熄滅了。他們在驚慌之餘，到處找出路，一陣混亂的摸索後，誰也弄不清楚方向，幾個人走得精疲力竭，只好坐下來休息。

其中一個建議說：「與其這樣盲目亂找，不如坐在這邊，看看是否能感覺風的流動，因為風一定是從坑口吹來的。」他們就在那裡坐了很久很久，剛開始沒有半點感覺，可是過一段時間後，他們心思變得很敏銳，逐漸感受到一絲微弱的風輕撫臉上。於是，他們順著風的來處，終於找到出路了。

17・V字隊形

只靠櫻木花道或流川楓，並不能組織一支強大的湘北籃球隊（動畫「灌籃高手」）。在越來越重視團隊協作的今天，一個人是唱不了一齣戲的！

你見到雁群為過冬而以「V」字隊形向南方飛行的情景嗎？你也許知道某種科學論點說明牠們為何如此飛。藉著「V」字隊形，整個鳥群比每隻鳥單飛時，至少增加了70%的飛升能力。

當領隊的雁疲倦了，牠會輪流退到側翼，另一隻雁則接替飛在隊形的最前端；飛行在後的雁則會利用叫聲鼓勵前面的同伴來保持整體的速度；當一隻雁脫隊時，牠立刻感到獨自飛行時的遲緩、拖拉與吃力，所以很快又回到隊形中，繼續利用前一隻雁所造成的浮力。

第四章

樂在工作的思維

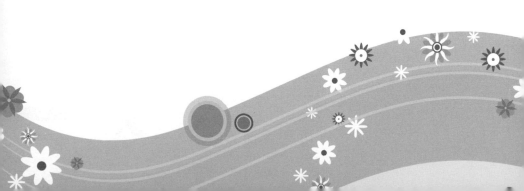

I・人生不只是財富，你在追逐什麼？

即便是貴為帝王霸主，到頭來還不是都只能擁有一杯黃土，人不要一輩子都在追逐財物而迷失自我。

美國開發初期，地廣人稀，地價甚廉，聽說當時土地的出售，是以一人一天所跑的範圍為準。

因此，有一個人付了錢就開始拼命奔跑，從清晨到中午，此人絲毫不敢休息，唯恐稍有鬆懈就損失一些土地。到了黃昏，眼看太陽就要下山，如果跑不回起點就要前功盡棄，因此，他開始不要命的狂奔。

但是哪裡想到，當他費盡千辛萬苦跑到了起點時，人也立即倒地，氣絕身亡，賣主只好將他草草就地埋葬，而他所佔的不過就是六尺之地。

追求財富的欲望，人人皆有之，但要有一個尺度。若超過了這個尺度，就會被金錢所役（控制），而變成了錢財的奴隸，一輩子不得自由！

2・走出自己的路

選擇你所愛的，更愛你所選擇的。

一位叫雷諾茲的人，他是杜爾沙市一家大石油公司的財務助理。是個既活潑、能幹，又討人喜歡的年輕人，看來一定可以一帆風順地往上升遷。他除了有位賢慧的妻子，還有三個小孩，以及美好的前景。

空閒的時候，雷諾茲喜愛繪畫，他的許多風景油畫，都懸掛在公司辦公室的牆上。有時候，他也把畫賣給公司外面的人。

雖然雷諾茲喜歡自己的工作，但是他更渴望有更多的時間來繪畫。

他一向很喜歡新墨西哥州的陶歐斯城，那兒是藝術家的樂園，他想要放棄自己的工作，永久移居到那邊去。當他和妻子露絲談到這一件事的時候，她說：「太好了！我們可以賣掉這兒的每一件東西，到陶歐斯去開一家繪畫用品店。我們也可以賣畫框，我照顧店面，你就可以畫畫了。我相信我們一定可以成功的。」

由於太太的熱心鼓勵，雷諾茲就下定決心辭掉工作，專心作畫了。他們全家人都有了開創新事業的精神，年輕的小兒子放學以後也會幫忙店務。他畫得非常好，終於成為西南部最成功的畫家之一。他的作品曾在整個美國展覽過，也曾在許多畫廊舉辦過個人畫展。

現在，他是陶歐斯城畫家協會的會長。在新墨西哥州陶歐斯城聞名的卡森街上，他還建造了自己的畫廊和畫室。這都是因為他和他妻子有勇氣去嘗試一個機會的回報。

不嘗試，怎麼明白行還是不行；不嘗試，怎麼激活創造力和想像力；不嘗試，怎麼區分「天才」和「庸才」；不嘗試，怎麼了解事物的本質。凡事都要有嘗試的勇氣，只有試過了，人們才可能了解到它的成果。

3．「我可以做到！」

日本知名作家遠藤周作曾說：「每個人在一生中，一定會有一次面臨決定自己命運和人生的時刻，只要能度過那一剎那，未來就會完全改觀。」

有個十分潦倒的年輕人，有天晚上，他上床後輾轉不眠，因為他債台高築，早已過了支付期限，按目前的經濟狀況，他無力還債。

沉悶了大半夜，他忽然向自己發出一個提問：「許多人能輕鬆自如地還債，我不能，這到底是為什麼？」這一提問完全改變他的人生思路，把他引向了有希望的、輝煌的人生。

後半夜，他開始剖析自己，並得出一個結論：他和所有的人一樣在生活著。在漫長的黑夜中，他把自己和境遇好的人做了比較，結果發現，他所欠缺的，別人也同樣欠缺。

唯獨一個例外，就是缺少「我可以做到」的信念。

雲層開始染上金黃色的旭光時，人生的金黃色祕訣已經開始滲透在他的心靈裡。平時失眠後的每天早晨，起床時他總是懶洋洋，一副疲憊不堪的模樣，這天他一反常態，用孩子般喜悅的心情從床上躍起，完全判若兩人。

從此，在他的身上發生了奇蹟。

一年之後，他不但還清了債務，還擁有了新房了。今非昔比，他已經踏出了成功的第一步了。

給自己一個「我可以做到」的信念，便一定會有所成就。只有自己激勵自己，自己幫助自己，才能改變自己。

4．死信救活人

悲傷的唯一治療方法，就是找些什麼事情來做。

英國一個城裡有位郵局職員叫弗雷德阿姆斯特朗，他是個送信高手，凡地址不詳或字跡不清的死信，經他辨認試投，幾乎無不一一救活。弗雷德每天下班回到家，總喜形於色地把一些新發現告訴妻子。

晚飯後，他總是習慣地點了一支菸斗銜到嘴裡，兩隻手牽了小女兒與小兒子，到院裡坐下講故事。他像個成功的偵探小說家般，永遠有說不完的故事。生活像是一派晴空沒半點雲影。

可就在一個晴朗的早晨，他的小兒子病了，醫生趕到，一籌莫展。次日，孩子就死了。弗雷德的靈魂也死了。他的生活如今好像也是一封地址不詳的死信，失去了寄託。他每天早早起床，出門上班，走路像個夢遊者。他坐在辦公桌前，默默辦公；下班回到家，默默吃飯；吃完飯，早早上床。可他妻子知道，他常常整夜看著天花板。

賢慧的妻子眼看他一天天消瘦，憂心如焚；她百般安慰，一無所獲。

聖誕節近了，周圍的歡樂氣氛也不能沖淡這一家人的悲哀。本來是年初便跟弟弟一起翹首盼望年尾的瑪麗安，也變得沉默寡言，像有心事重重。

這天，弗雷德坐在一張高凳上分發一攤信件。他撿起一個用彩色紙做成的信封，但見上邊用藍鉛筆寫著「寄交天堂奶奶收」幾個大字——真是來無頭去無尾，即便是去請教福爾摩斯大偵探也無濟於事。

弗雷德輕輕吁口氣，正要順手丟到一旁，但「寄交天堂」的字樣似乎把他的心觸動了。他拆開信，信中寫道——

親愛的奶奶：

弟弟死了，爸爸媽媽很難過。媽媽說好人死了會到天堂，弟弟跟奶奶會在一起吧。弟弟有玩具嗎？弟弟的木馬我也不騎了，積木我也不玩了，我藏了，怕爸爸看見傷心。爸爸菸也不抽了，話也不說了，我愛聽故事，也不要爸爸講了，讓他早點睡。有次我聽見爸爸對媽媽說：只有主能解救他。奶奶，主在哪裡呢？我一定要找他，請他來解救爸爸的痛苦，叫爸爸仍舊抽菸、講故事。

瑪麗安

這天下班時，街燈已經亮了。弗雷德快步回家，也沒注意自己的影子一會兒在前，一會兒移後，因為他把頭抬起來向前看了。他踏上門階，沒有馬上推門，卻摸出菸斗，裝上一袋，點了，才推門進去。他向迎上前來的妻子和女兒微笑著，徐徐吐出一口煙，立刻把她們籠罩在久違了的溫馨氣氛中……

你不僅僅是為自己而活著，而且要為你的親人活著。快樂和悲傷都是很強的傳染病，所以，你應該每天都快快樂樂，讓那些關愛你的人放下心來，讓他們也來分享你的喜悅。

5・除了壞事，還有更壞的事

健康的人並不覺得自己健康，只有病人才了解健康。

一位國王曾有一次海上巡遊，當船出航時，不巧遇上了風暴。一名士兵因是第一次乘船，所以害怕得又哭又叫。他不停地狂哭亂喊，船上的人幾乎都受不了，而國王也想下令把他關起來。

這時國王身旁的一位官員說：「不要關他，讓我來處理。我想我可以使他馬上安靜下來。」

官員隨即命令水手將那位士兵綁起來，丟入海中。可憐的傢伙一被丟下海，更是高聲嘶喊，手腳亂舞；過了幾秒鐘，官員才叫人把他拉上船來。

回到船上後，說也奇怪，那個剛才歇斯底裡亂叫的士兵，靜靜地待在船艙一角，半點聲音也沒有。

國王好奇的問這個官員何以會如此？官員答說：「在情況轉為更加惡劣之前，人們很難體會自身現在的不幸，是多麼地幸運！」

心裡學家指出，人們在經歷更大的恐懼之後，會對以前所經歷的恐懼淡忘。人們應學會在各種環境中磨鍊自己，才能在遇到突如其來的事件時，保持清醒的頭腦。

6・一切都可以重新再來

在倒塌的廢墟中，重新站立起來的就是嶄新的大樓。

英國史學家卡萊爾費盡心血，經過多年的努力，總算完成法國大革命史的全部文稿，他將這本巨著的原稿送給他的朋友米爾閱讀，請米爾批評指教。

隔了幾天，米爾臉色蒼白、渾身發抖的來，他向卡萊爾報告一個悲慘的消息。原來法國大革命史的原稿，除了少數幾張散頁外，已經全被他家裡的女傭當作廢紙，丟入火爐化為灰燼了。

卡萊爾非常失望，因為他嘔心瀝血所撰寫的這部法國大革命史，當初他每寫完一章，隨手就把原來的筆記撕成粉碎，沒有留下來任何紀錄。

第二天，卡萊爾重振精神，又買了一大疊稿紙。他後來說：「這一切就像我把筆記簿交給小學老師批改時，老師對我說：『不行！孩子，你一定要寫得更好些！』」

我們現在讀到的法國大革命史，是卡萊爾重新寫過的。

一個人在經歷長期的努力，馬上就要觸摸成功時，突然出現一場意外，讓你必須重新來過，這對人的打擊是巨大的。當一個人能夠接受這一切，並從新開始時，這個人是相當了不起的。

7．控制自我

為避免使心靈失去平衡，平時就要培養堅定的意志，避免受到任何事物的影響，成為一個能夠控制自我的人。

居禮夫人從她發現鐳的那一天起，曾獲10項獎金，16枚獎章，107個名譽頭銜，2項諾貝爾大獎，譽滿全球。而居禮夫人卻把自己的獎牌當作玩具讓孩子玩，目的是讓孩子知道獎牌和玩具沒有什麼不同。

愛因斯坦曾經說過：「在所有的世界著名人物中，瑪麗．居里是唯一沒有被盛名寵壞的人。」可見，面對成就、名利，保持心靈的平衡是難能可貴的。

在現實中，我們常常會因一點小事而使心靈失去平衡，原因是煩惱和驕傲。我們不論處於何種情況，都應保持心靈的平衡，勇敢平靜地生活。因失敗或某些困難而自暴自棄，是心靈失衡的表現；因升遷、成名而目中無人，也是屬於心靈失衡的表現。

有高貴品格的人是什麼樣的人？是常常能夠保持心靈平衡的人。而被名利寵壞了的，大有人在，相信我們自己不是其中的一個。

8．包裝自己的品牌

人生的價值，是由人自己決定的。偽裝和欺騙也是一樣，可能得逞於一時，卻不會持久。

世界最大的香皂製造商之一莫利威．皮托公司董事長賴托爾，年輕時是一位微不足道的推銷員。

這位立志要成為財界大人物的小夥子，每當推銷失敗之後，不一會兒又會回到拒他於千里之外的店鋪，討教他進店時的動作以及言詞、態度等有什麼不妥之處，懇請傳授成功經驗。

這種虛心坦誠求教的精神和淳樸的態度，不僅得到了寶貴的忠言和批評，而且被他拜訪的商店老闆，都很樂意與他建立友誼並成為他的新主顧。

兩年後，他升任銷售部主任。五年之後，就與朋友合作開辦香皂工廠。賴托爾根據自己的親身體會，十分注意「員工包裝」。他告誡部下：「包裝不僅僅是服裝，還有講話，講話比服裝還重要。」他從走路、開門、態度、笑容、禮貌等每一項小細節開始，逐一「包裝」起公司的每一個人。

人的包裝是一種對內在美和外在美的追求，是讓別人更多地了解自己，更直接地發揮自己的一技之長，從而實現自己的人生價值的積極手段；而偽裝則是一種把自己的缺點和不良本質掩蓋起來的行徑，其不可告人的目的就是為了欺騙別人以攫取私利。

9・人生舞台

人生是一個大舞台，每個人都會選擇適合他的角色，但不見得每個人都會演好他的角色。

拿破崙是法國著名軍事家，他曾說過：

「兵士穿上兵士的制服就變成兵士，將軍穿上將軍的制服就變成將軍。」

當然，在這裡制服並非指制服本身，而是「角色」之意。

拿破崙強調的是，擔任兵士這個「角色」的人，充其量只能發揮與其地位（兵士）相等的能力，但是，若賦予他更高的地位，則他能隨之發揮出與該地位相匹配的能力。

對此，心理學稱之為「角色期待」，回應角色期待而有所長進的不只是能力，還包括言談、舉止等等。

我們大概都經歷過這樣的事情，某人原來作為同事時並沒有多少特別的地方，甚至還十分普通。調轉其他單位後，步步晉升，偶然相逢，風度、言談大不一樣，人們開始對他另眼相看。而如果他不被提拔，則恐怕就無法發揮潛能，產生自信。

所以說，要想增長能力、擁有自信，就要接受高一級的角色，能力是從重負那裡壓出來的。如果你身為負責人，就應當讓有作為的下屬穿著高一級的制服。不僅你的人事能力有所鍛鍊，而且上級也會認可你的能力。

什麼叫做「挑戰」，奧運會上的選手，就是經過不斷的努力，才能一再突破昔日的佳績，在人生之中，每一個人都是選手，所以每一個人都要面對未來好一點的、理想一些的生活挑戰。

10・智者和愚者

西方有句諺語說：「愚者用嘴巴說話，智者用眼睛觀察。」

一個人問阿凡提：「智者和愚者的區別，在什麼地方？」

阿凡提回答說：「智者好比結滿果實的樹枝，總是低低地俯著身子，眼睛瞅著地，心裡很踏實；愚者好比不結果實的樹枝，眼睛望著天，空空洞洞地，略微吹來一點風，就左右搖晃，來回擺動。」

語言是一刀兩刃的武器，一不小心往往傷人於無形。「沉默是金，言語是銀」，說明了不多話的可貴之處，同時整瓶水屹立動，半瓶醋卻搖幌不停……

11．活學活用

學問如果不能活用，猶如一盞沒有點亮的燈。

中國歷史上有一則「紙上談兵」的故事，說的是趙國大將趙奢之子趙括，從小跟著父親學習兵法，熟讀兵書，論談兵布陣，無人能比。由於只會誇誇其談，脫離實際，結果任趙國大將之後，長平一戰40萬趙軍全部當了俘虜，趙括自己也被亂箭射死。

讀書的要訣在於不僅閱讀，而且要活用。不能活用的學問，便等於無學問。正如卡萊爾所說：「除非是透過身體力行所得到的知識，否則，就不能說你擁有這種知識。」

書讀得多而不加思索，你就會覺得你知道得很多，但當你讀書多而思考也多的時候，你就會清楚地明白你知道得很少。有許多人很喜歡炫耀自己並不廣博的知識，而能以知識來向社會生活挑戰的人卻不多。知識最重要的就是活學活用。

光會翻書本的學者最終會完全喪失思考能力。翻書的時候不妨停一停，讓「死」的知識在頭腦裡「活」起來。只有這樣，當你不翻書的時候，才會內心充實。

12．樂在工作的思維

近年來，「樂在工作」是一個十分流行的口號，但真正了解樂在工作的意義的到底有幾人？

一個歐洲觀光團，來到非洲一個叫亞米亞尼的原始部落。部落裡有一位老者穿著白袍盤著腿安靜地在一棵菩提樹下做草編。草編非常精緻，它吸引了一位法國商人。

他想，要是將這些草編運到法國，巴黎的女人戴著這種草編的小圓帽提著這種草編的花籃，將是多麼時尚多麼風情啊！想到這裡，商人激動地問：「這些草編多少錢一件？」

「10塊錢。」

老者微笑著回答道。

「天啊！這會讓我發大財的。」

商人驚喜若狂。

「假如我買五千頂草帽和五千個草籃，那你可以算多少錢呢？」

商人以為大量訂購，價錢應該更便宜，哪知他聽到的回答是——

「那樣的話，就得要20塊錢一件。」

老者皺著眉頭說：

「什麼？」

商人簡直不敢相信自己的耳朵！

他幾乎大喊著問：「為什麼？」

「為什麼？」老者也生氣了，「做五千頂一模一樣的草帽和五千個一模一樣的草籃，它會讓我乏味死的。」

13・相由心生

佛家云：「放下屠刀，立地成佛」，告訴我們的是——只要心有了善念，壞人就會變成好人，自覺就是最大的智慧。

有位著名的雕塑家，有一天發現自己的面貌越來越醜了。「醜」並非指膚色、五官（他原來長得很不錯的），而是指神情、神態，怎麼就那樣的「狡詐」、「兇惡」、「古怪」，以至於使面相本身也讓人可惡可怕。

他遍訪名醫，均無辦法。因為，不論是吃藥也好，整容也好，都無法醫治五官之間的「關係」——無法醫治一個人的愁眉苦臉，無法醫療——「滿臉橫肉，兇神惡煞」。

一個偶然的機會，他遊歷一座廟宇時，把自己的苦衷向住持說了。住持說：

「我可以治你的『病』，但不能白治，你必須為我先做一點工——雕塑幾尊神態各異的觀音像。」雕塑家接受了這個條件。

在傳統文化中，觀音是慈祥、善良、聖潔、寬仁、正義的化身，而她（他）的面相神情，自然就是人民群眾心中這些概念的形象化、典型化。雕塑家在塑造過程中不斷研究、琢磨觀音的德行言表，不斷模擬她（他）的心態和神情，達到了忘我的程度。他相信自己就是觀音。

半年後，工作完成了，同時，他驚喜地發現自己的相貌已經變得神清明朗，端正莊嚴。他感謝住持治好了他的病。

「不，」住持說：「是你自己治好的。」

此時，雕塑家已經找到了原來「變醜」的病根——過去兩年，他一直在雕塑夜叉！這正是「相由心生，相隨心滅」。

14・陳年老酒的啟示

日本著名的澤庵禪師說過：「想要跳過一道鴻溝，就得馬上跳過去，假如還考慮是否危險，那就一定會掉到溝裡去了。」

歐洲有一個大財主，他對自己窖藏的葡萄酒非常自豪。其中窖裡保留著一罈年代十分久遠的佳釀，恐怕這世上再也找不出第二罈了，因此十分珍貴，他想一定非有重大慶祝，否則不能啟封享用。

州郡的總督登門拜訪。富翁提醒自己：這罈酒不能僅僅為一個總督而享用。地區主教來看他，他自忖道：不，不能打開那罈酒。他不懂這種酒的價值，酒香也飄不進他的鼻孔。

王子來訪，和他同進晚餐，但他想：區區一個王子喝這種酒過分奢侈了。甚至在他心愛的女兒結婚的那天，他還對自己說：不行，接待這種來賀喜的客人，不能抬出這罈酒。

許多年後，富翁死了，像每粒橡樹的籽實一樣被埋進了地裡。下葬那天，陳酒罈和其他酒罈一起被搬了出來，左鄰右舍的人們把酒統統喝光了，也沒有人知道這酒的年代和它所賦予的歷史意義！

活在當下，人們要學會享受生活，否則，你就等於沒有生活。我們要學會重視今天，因為只有今天才是我們真正擁有的。

15・擺脫依賴心

依賴慣了別人，久而久之，就會看不到自己了。

有一朵看似弱不經風的小花，生長在一棵高聳的大松樹下。小花非常慶幸有大松樹成為它的保護傘，為它遮風擋雨，每天可以高枕無憂。

有一天，突然來了一群伐木工人，兩、三下的功夫就把大樹整個鋸了下來。小花非常傷心，痛哭道：「天啊！我所有的保護都失去了，從此那些囂張的狂風會把我吹倒，滂沱的大雨會把我打倒！」

遠處的另一棵樹安慰它說：「不要這麼想，剛好相反，少了大樹的阻擋，陽光會照耀你、甘霖會滋潤你；以後你弱小的身軀將長得更茁壯，你盛開的花瓣將一一呈現在燦爛的日光下。人們就會看到你，並且稱讚你說，這朵可愛的小花長得真美麗啊！」

突然失去了一些以為可以長久依靠的東西，自然會心慌意亂，但其中卻隱藏著無限的祝福和機會。

16・猴子的爺爺

在武俠小說的世界中，人人都知道招式用老了，終會敗在對方的手上。

從前，有一個賣草帽的人，每一天，他都很努力地賣著帽子。

有一天，他叫賣得十分疲累，剛好路邊有一棵大樹，他就把帽子放著，坐在樹下打起盹來。等他醒來的時候，發現身旁的帽子都不見了，抬頭一看，樹上有很多猴子，而每隻猴子的頭上，都有一頂草帽。他十分驚慌，因為如果帽子不見了，他將無法養家糊口。

突然，他想到猴子喜歡模仿人的動作，他就試著舉起左手，果然猴子也跟著他舉手；他拍拍手，猴子也跟著拍手。

他想，機會來了，於是他趕緊把頭上的帽子拿下來，丟在地上；猴子也學著他，將帽子紛紛都扔在地上。

賣帽子的人高高興興地撿起帽子，回家去了。回家之後，他將這件奇特的事，告訴他的兒子和孫子。

很多很多年後，他的孫子繼承了家業。有一天，在他的賣草帽的途中，也跟爺爺一樣，在大樹下睡著，而帽子也同樣被猴子拿走了。

孫子想到爺爺曾經告訴他的方法。於是，他舉起左手，猴子也跟著舉起左手；他拍拍手，猴子也跟著拍拍手。果然，爺爺所說的話真的很管用。

最後，他脫下帽子，丟在地上；可是，奇怪了，猴子竟然沒有跟著他去做，而是直瞪著他，看個不停。

不久之後，猴王出現了，把孫子丟在地上的帽子撿了起來；還很用力地對著孫子的後腦勺打了一巴掌，說：「開什麼玩笑！你以為只有你有爺爺嗎？」

俗話說：「得意不可再往。」因為時間、地點、人物發生了變化，即使用同一種方法，第一次成功並不意味著第二次也能成功。

17・傲慢的獵人

在人生的戰場上，隨時隨地都要有戰鬥的心理準備，因為除了看得見的敵人，也會有突如其來的不速之客。

一個獵人，帶著他的袋子、彈藥、獵槍和獵狗出發了。雖然人人都勸他在出門之前把彈藥裝在槍筒裡，他還是只帶著空槍走了。

「囉唆，」他嚷著，「以前我沒有出去過嗎？而且怎麼可能我出生以來，天空中就只有一隻麻雀呀！我走到那裡的一個鐘頭內，哪怕我要裝一百回子彈也有的是時間呀。」

彷彿命運女神在嘲笑他的想法似的，他還沒走過開闊地，就發現一大群野鴨密密地浮在水面上，我們的獵人一槍就能打中六、七隻，毫無疑問，夠他吃上一個禮拜的，如果他出發前裝了子彈的話。

現在他只能匆忙地裝上子彈了。不過，野鴨首領已經發出了一聲叫喚，那群鴨子就一齊飛起來了，很快就看不見了。

糟糕的是，天空又突然下起雨來。獵人渾身都是雨水，袋子空空如也，只好拖著疲憊的腳步回家去了。

每天有每天的事。今天的事是新鮮的，與昨天的事不同。明天也自有明天的事。所以今天的事，千萬不要拖延到明天。

18・給自己一個好暗示

為了達成某種目標，在過程中不斷給自己好的心理暗示，如此更容易心想事成！

美國一個心理研究組織曾做過一項實驗：安排幾個志願人員，先測量每個人的握力平均是101磅，然後將這些人催眠，並暗示他們現在正是處於軟弱無力，渾身沒勁的狀態下。

經過這種催眠暗示之後，再重新測量他們的握力，結果發現，他們的平均握力居然只有60磅左右了。

但是，在同樣被催眠的情況下，如果給予他們一種完全相反的暗示，告訴他們每個人都是大力士，強壯無比。如此一來，其平均握力竟可達到140磅。換句話說，他們的平均握力在瞬間增加了40％。

心理暗示具有神奇的功能，它能調整人們的潛能。也就是說，人的能力是受心理控制的，而人在緊張時，也會創造出許多平時難以達到的紀錄。

第五章

活得簡單，過得快樂

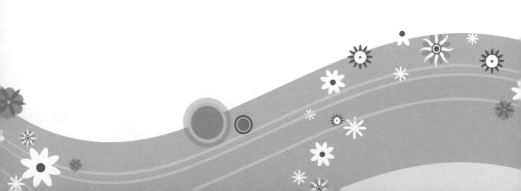

I・雙面神的悲哀

英國大文豪蕭伯納曾說：人生有兩個悲劇，一個是願望尚未達成，另一個則是願望已經達成了。

一位哲學家途經荒漠，看到一座很久以前的城池的廢墟。歲月走過的痕跡，已經讓這個城池顯得滿目瘡痍了，但仔細看，依然能隱隱辨析出昔日輝煌時的風采。

哲學家心想就在此休息一下吧！於是，他隨手搬過來一個石雕坐了下來。

他點燃了一支菸，望著被歷史淘汰下來的殘敗城垣，想像著曾經發生過的美麗故事，不由得感嘆了一聲。

忽然，有人說：「先生，你感嘆什麼呀？」

他四下裡望了望，卻沒有人，他不禁感到疑惑。可那聲音又響了起來，仔細一看，原來那個石雕，竟然是一尊「雙面神」的雕像。

他沒有見過「雙面神」，所以就問道：「你為什麼會有兩副面孔呢？」

雙面神回答說：「我有了兩副面孔，才能一面察看過去，牢牢的記取曾經受過的教訓；另一面又可以瞻望未來，去憧憬無限美好的藍圖啊！」

哲學家說：「過去的只能是現在的逝去，再也無法留住，而未來又是現在的延續，是你現在無法得到的。你不把現在放在眼裡，即使能對過去瞭如指掌，對未來洞察先知，又有什麼具體的意義呢？」

雙面神聽了哲學家的話之後，不由得痛哭起來，他說：「先生啊，聽了你的話，我才明白，我今天落得如此下場的根源！」

哲學家問：「為什麼？」

雙面神說：「很久以前，我駐守這座城池時，自詡能夠一面察看過去，一面又能瞻望未來，卻唯獨沒有好好的把握住現在，結果，這座城池被敵人攻陷了，美麗的輝煌卻都成為了過眼雲煙，我也被人們唾棄而置於廢墟中了。」

世界上有三種人：

第一種人——只會回憶過去，在回憶的過程中體驗感傷；

第二種人——只會空想未來，在空想的過程中不務實際；

第三種人——只會注重現在，腳踏實地，慢慢積累，一步一步地走向未來。

第一種人是感傷者，第二種人是空想家，第三種人是實幹家。

你到底是哪一類型的人呢？

2．不要將簡單的事變複雜

我們對一個小心翼翼的人的評價經常是：「這人做事很謹慎！」可是，如果小心過頭了，反而會讓人覺得做事猶豫不決、缺乏果斷。

人生有時就是必須簡單化，才不會庸人自擾哩！

我相信以下這個故事，很可能會發生在每一個家庭之中——

媽媽對著正在看著卡通影片的小兒子說：「你去幫我買瓶醋回來！」

小兒子心不甘情不願地往外走，媽媽看了很不放心，又叫住他說：「千萬記好了，一定要買醋，不要買成醬油，我們家的醬油還很多呢！」

過了一會兒，小兒子回來了，媽媽看了氣得幾乎說不出話來，原來小兒子真的買了一瓶醬油。

媽媽說：「我不是讓你買醋嗎？我還特別提醒你不要買成醬油，我們家的醬油還很多呢！」

小兒子委屈地說：「就是因為妳讓我不要買成醬油，所以我滿腦子裡都是在想買醋，買醋，不要買成醬油，不要買成醬油，醬油，醬油……最後我真的以為是要買醬油了。」

如果媽媽直接說去買醋，而不提到醬油，那麼，兒子就可能不會買錯了。

小孩子的思考是相當單純的，要交代他們的事，只須要簡單明確的指令，而不須要畫蛇添足，一再解說，如此反而會影響他們的執行力。

明明是一件單純的事物，如果將它複雜化了，帶來的後果往往和我們所期待的背道而馳。

很多時候，如果片面地去刻意強調事物的特性，反而會起到負面的作用，這也是一個物極必反的道理。我們在做任何事情的時候，千萬不要把事情過於複雜化，簡單的時候就是簡單，太多的顧慮反而會讓我們走彎路，事情的結果也會和我們的希望不一致。

人生也是一樣，愈簡單、愈快樂。

有些人行事喜歡誇張、複雜，結果到頭來往往虎頭蛇尾或一事無成……

3．不要忽略第三種想法

在多元化的社會中，我們思考事物的方式也必須學習多角度，不能老是將對與錯、是與非，放在兩極化的「準則」或是「鐵律」之中。

晚上，兒子和女兒在書房裡做作業，忽然我聽到他們倆吵了起來。

「你們倆吵什麼？好好地寫作業。」我跑進去問。

「把窗子打開，」哥哥說：「我需要新鮮的空氣，我都透不過氣來了。」

「我不要打開窗子嘛，很冷的。」妹妹叫道。

我說：「那麼，就開一半窗子吧，既避免了風太大，也可以有新鮮的空氣流通了。」

「不行！」兩個小傢伙異口同聲地叫著。

我也急了，大聲說：「你們想怎麼辦？」

丈夫聽到了走進來，笑著對我說：「我來解決這個問題。」

他走到隔壁的房間，打開了窗子。因為這兩個房間是相通的，所以效果很明顯，空氣變得流通了，而冷風也沒有直接吹進來。

「感覺到新鮮空氣了嗎？」他問兒子。

「感覺到了！」

「很冷嗎？」他又問女兒。

「不冷。」女兒也高興地說。

在生活中，每一個事物都不可能只有兩種答案，但是很多時候，我們都局限在是與否之間，卻忽略了第三種解決問題的辦法。

很多事情失敗了，就失敗在僅僅把問題放在是與否兩種答案上，而沒有去進一步尋找解決問題的第三種辦法。要知道，在這個世界上並沒有絕對的東西，要想成功一件事，就要學會用辨證的辦法去看待問題，解決問題。

4．做人比做事重要

機智取巧不過是夏天的衣服，而真理卻是任何季節都適合穿著的。人生的戰場也是一樣，只要保有真實的心，任何時候都能從容上陣。

有一個華僑，長年在國外工作，事業做得相當有成就，後來欲回家鄉做點投資。消息傳開後，很多人紛紛與他聯繫，願意與他合作在家鄉開辦工廠，因為大家都看到此事有利可圖。

這種來自四面八方的「盛情」，讓老華僑在挑選合作者上面感到為難。

最後，他在眾人之中挑了兩個比較合適的人選，想在他們兩人中挑出一個與自己合作，並把他在國內投資的所有經營都交給他管理。

有一天，他叫來那兩個人說：「我本人沒有什麼愛好，唯獨酷愛下棋，今天，你們誰下贏了我，那麼我就與誰合作。」

那兩個人也都是下棋高手，棋都下得極好。

第一個人與老華僑下了起來，最後老華僑以微弱的優勢戰勝。

第二個人很精明，在下棋當中，老華僑轉身去倒了一杯水，他以為老華僑不注意，偷偷換了一顆棋子，其實這一切全被老華僑從玻璃的影像上看到了。最後，第二個人獲得了勝利。

後來，老華僑選擇下輸了棋的那個人，來管理自己在國內的投資事業。

眾人覺得很訝異，就問他說：「老先生，你為什麼會出爾反爾呢？明明你先前就說好與贏你棋的人合作的呀！」

老先生聽了微微一笑，點了一根菸之後──

他說，第一個人雖然沒有贏我，但他是憑著自己的實力，沒有想著要耍小計謀，誠心誠意地與我對弈。這也是一個人的人生態度問題，從中可以看出他是可信的，而第二個人卻偷換了一顆棋子，雖然這是一件小事情，但是卻可以看出他品德上的瑕疵，不但為人不誠，還透露出──「為達目的不擇手段」的偏差行為……與這樣的人合作是不能讓我放心的。

一顆棋子可以反映出一個人的品德。細微之中見「真情」，大家要明白這樣一個道理，做人比做事更重要，如果不能老老實實地做人，那麼也就不可能清清白白地做事了。

5・人生的過程，才是風景

和相戀長達五年的女友結婚的小王，有一天突然對我說：「奇怪，和女友結婚好像是理所當然的結果，不過我倒挺懷念和她牽著小手，走過一遍又一遍河堤的光景……」

今年夏天，我和清大的兩位同學利用暑假一起結伴到杭州去走一趟。第二天，他們遊過靈隱寺、六和塔之後轉到龍井鄉去了。「龍井」是由生產馳名遐邇的龍井茶而成為杭州著名的景點。當他們乘車到達九溪時，因口渴而對「龍井茶」更加神往。

問路之後，知道到龍井須走過十八條溪澗，到龍井後可享用到由水質甘甜的龍井泉水沖泡的正宗龍井茶。然後他們踏上「征途」，為了盡早到達龍井，顧不得避開正午烈日，也不想稍稍放慢步伐。

他們一路上不斷地計數：一條澗、兩條澗、三條澗……在數完十八條澗時，果然已離龍井不遠。他們筋疲力盡地坐進了龍井茶室。

喝茶時，店老闆過來招呼道：「年輕人，你們是沿『九溪十八澗』遊玩過來的吧，啊！那一路真可以說是美不勝收，別有洞天，對吧？」

三位大學生聽了之後，茫然不知如何回答，這才想起「九溪十八澗」也是杭州名勝呀！但是他們與其說是「遊玩過來」的，倒不如說是「奔」過來的，現在想想，隱約記起那一路似乎確實很美。

遺憾的是，他們急於奔向目標而忽略了過程中的風景。

記不得哪個金牌選手接受記者訪問時，說過的一段話——

「儘管我贏得了比賽，但這種勝利卻沒讓我特別喜悅，真正讓我喜悅的是，有機會與那麼多好手競爭，這種過程真令人難以忘懷……」

6．一線之隔

在成功與失敗之間，往往差別只有一線之隔，就如同在課堂上的考試，59分就是「不及格」，而只要再加1分就是「及格」了。

一九九六年在奧運會連破兩百和四百公尺賽跑兩項世界冠軍的美國運動明星邁克．強生，談起他用十年的時間才把成績加快了一秒多的經驗——

「你要付出遠超出大多數人所想像的努力才可望成功。有時只是百分之一秒或十分之一秒之差，就決定你能否成為世界上跑得最快的人。偉大與平凡、成功和失敗只是一線之隔。人生常被喻為馬拉松，但我認為人生更像短跑。長時間刻苦鍛鍊，機會一來臨便全力以赴。」

人生如賽跑，需要不斷地練習，只要機會一來了，就必須全力衝刺，勝與敗就在一瞬間決定了你的人生。

7・一支迴紋針的啟示

每一個人都不要自我設限於某個框框，打破框框的概念，想像力的翅膀才會開始飛翔。

在一次研究創造的國際會議上，日本的創造學家村上信雄走上主席台，拿出一支迴紋針，同時提出一個問題。他問：「這支迴紋針有多少用途？」

當時在場的一位學者說有30多種。

村上信雄自己證明了有三百多種用途；做為一個金屬物，迴紋針可以和各種酸類及其他的化學物質產生不知道多少種反應；迴紋針可以變為1，2，3，4，5，6，7，8，9和加減乘除，可以變成英文、拉丁文、俄文字母，於是，天下所有可以用語言表達的東西，迴紋針也都可以表達出來。

每個人都不應該自我設限，人的潛力是無限的。你也許即將畢業，你也許面臨失業，你也許在人生的十字路口徘徊，請你不要固執地認為你只能做什麼，而要像迴紋針一樣，你應該隨時重新考慮自己的人生之路。

8．人生的修正液

人們往往會因為依賴心，而墮入鬆懈的思維中，所以不經意就會犯錯；如果有一天依賴心不存在了，犯錯的機會也一定會減少了。

買回一瓶修正液，心情格外輕鬆。用不著再神經緊張、小心翼翼了。抄寫錯誤再多，我也能把它們塗成白色，改成對的。錯了塗，塗了錯，有時一個格子能塗成一座白色的小山。於是，抄好的稿子儘管常像打滿補釘的衣服，但還是竊喜於這塗改錯誤的能力。

不料，某天修正液說用完就用完，再甩不出一丁點兒。抄寫變得謹小慎微，如履薄冰。誠惶誠恐抄完一頁，回過頭來檢查檢查，竟找不出一處錯誤，恰如一件完美的新衣。

於是我發現，在人生的旅途上，是不能給自己準備太充足的修正液的。

其實很多過錯，都是馬虎個性所犯下的，也就是因為可以改正、重來，而常常致使集中力不足，如果只有一次的機會，那麼心態就截然不同了。

9・道理其實很簡單

歌德曾經說過：極高的危險，存在於兩種人身上——一半在愚蠢者身上，一半則在聰明人身上。

從前，有兩個飢餓的人得到了一位長者的恩賜：一根釣魚竿和一簍鮮活碩大的魚。其中一個人要了一簍魚，另一個人要了一根釣魚竿，於是他們分道揚鑣了。

得到魚的那個人原地就用乾柴搭起篝火煮起了魚，他狼吞虎嚥，還沒有品嘗出鮮魚的肉香，轉瞬間，連魚帶湯就被他吃了個精光，不久，他便餓死在空空的魚簍旁。

另一個人則提著釣魚竿繼續忍飢挨餓，一步步艱難地向海邊走去，可當他已經看到不遠處那片蔚藍色的海洋時，他渾身的最後一點力氣也使完了，他只能眼巴巴地帶著無盡的遺憾撒手人間。

又有兩個飢餓的人，他們同樣得到了長者恩賜的一根釣魚竿和一簍魚。只是他們並沒有各奔東西，而是商定共同去找尋大海，他倆每次只煮一條魚，他們經過遙遠的跋涉，來到了海邊，從此，兩人開始了捕魚為生的日子，幾年後，他們蓋起了房子，有了各自的家庭、子女，有了自己的漁船，過著幸福安康的生活。

一個人只顧眼前的利益，得到的終將是短暫的歡愉；一個人目標高遠，但也要面對現實的生活。只有把理想和現實有機地結合起來，才有可能成為一個成功之人。

10・醫生的處方

不知人生的目標在何處？卻窮其一生去追逐，結果財富得到了，而目標卻失去了……

有一個事業有成的富人，發現自己經常感到厭倦、空虛和無聊，心靈好像已經麻木了，他認為自己是生病了，於是便去看醫生。醫生給他詳細地檢查了一遍，發現他的身體沒有任何問題。但卻從他的陳述中覺察到他內心深處有問題。

醫生問他：「你最喜歡哪個地方？」

他茫然地回答：「不知道，我根本不知道我喜歡哪個地方。」

「小時候你最喜歡做什麼事？」醫生耐心地望著他問。

「哦，我想我喜歡草原。」他回答著。

醫生於是匆匆的寫了三個處方交給他說：「拿上這三個處方到草原上去，你必須在早上八點、中午十二點和下午五點分別打開這三個處方，只要你遵照處方做，便可治癒你的病。」

第二天，半信半疑地他拿著處方來到了草原上，他到達草原時剛好是早上八點，早上安靜極了，沒有一切都市的喧鬧。他趕緊打開處方，上面寫道：「用心去傾聽。」

於是，他微微閉上眼睛，用耳朵去注意地聽，果然他聽出了好久都沒有聽見的聲音：晨風在綠色的草端滑過，蟲子在歡樂的鳴叫，遙遠處傳來牧馬人的歌聲，他甚至聽到了白雲在芬芳空氣中的漫遊。一個嶄新而令人神往的美麗畫面向他展開，讓他的心靈平靜下來，他感到了愜意。

中午時分他已經漸漸陶醉了，然而他還是打開了第二個處方，上面寫道：「回憶往昔。」於是他回憶起兒時在藍天白雲下的草原上嬉戲的情景，想起在春風中歡樂的追逐蝴蝶的場面……想著想著，他不禁露出了甜美的笑容。

下午五點了，他還正沉醉於對往事的追憶中，那種溫暖與喜悅的感受充溢著他的心房，他又打開最後一張處方，上面寫道：「回顧你的動機。」

這是最困難的部分，亦是整個治療的重點，他開始自省，反省生活、工作中的每一件事、每一個人、每一種情況，最後他痛苦地發現，他是個利己主義者，從來只是想到自己，而不會去考慮到別人。因此他也沒有知心的朋友，家人相處也很冷漠，沒有溫情。他從未超越自我，從未認同更高尚的目標、更純正的動機，他於是發現了造成厭倦、空虛和無聊的病因了。

原來自私也是一種心理疾病，它可以讓我們感到憂鬱，渾身沒有活力。這種病像是一種慢性自殺，因為缺乏動力會導致生活很無趣，而逐漸凋零。

11・失去並不可怕

一般人都希望「得到」，而害怕「失去」。事實上，真正失去了，並沒有想像中那麼可怕。人生本來就會有失有得，邁開步伐吧！

夏日的傍晚，一個美麗的少婦投河自盡，被正在河中划船的白鬍子老船夫給救了起來。「妳年紀輕輕，為何尋短見？」老船夫問。

「我結婚才兩年，丈夫遺棄了我，接著孩子又病死，你說，我活著還有什麼樂趣？」少婦哭訴道。

「兩年前妳是怎麼過的？」船夫又問。

少婦的眼睛亮了，「那時我自由自在，無憂無慮。」

「當時妳有丈夫、孩子嗎？」

「當然沒有。」

「那麼，妳不過是被命運之船送回到了兩年前，現在妳又自由自在，無憂無慮了。請上岸吧！」

話音剛落，少婦已在岸上，老船夫則不知去向，少婦如做了一個夢，她揉了揉眼睛，想了想，離岸走了。她沒有再尋短見。

萬物都有其生滅的自然規律，是不以個人的悲喜為轉移的。所以，智慧認知生活的方式是萬事隨緣。如果你碰到了非常痛苦的事，不妨把一切看開，一切都可以從頭再來的。

12・山谷中的謎底

盧梭曾說過：「通往迷霧的道路有無數條，可是通往真理的路卻只有一條。」

加拿大的魁北克地方有一條南北走向的山谷。山谷沒有什麼特別之處，唯一能引人注意的是，它的西側長滿松、柏、女貞等樹，而東側只有雪松。

這一奇異景觀是個謎，許多人不知所以，一直沒有令人滿意的結論。揭開這個謎的，竟是一對打算離婚的夫婦。

那是一九八三年的冬天，這對夫婦的婚姻正瀕臨破裂的邊緣。為了重新找回昔日的愛情，他們打算做最後一次的浪漫告別之旅，如果能找回就繼續生活，如果不能就友好分手。

當他們來到這個山谷的時候，下起了大雪，他們支起帳篷，望著漫天飛舞的大雪，發現由於特殊的風向，東側的雪總比西坡的雪來得大、來得密。不一會兒，雪松上就落了厚厚的一層雪。不過當雪積到一定的程度，雪松那富有彈性的枝丫就會向下彎曲，直到雪從松上滑落。

這樣反覆地積，反覆地彎，反覆地落，雪松完好無損。可其他的樹就沒有這個本領，樹枝被壓斷了。西側由於雪小，總有些樹挺了過來，所以西側除了雪松，還有松、柏和女貞之類。

帳篷中的妻子發現了這一景觀，對丈夫說：「東側肯定也長過樹，只是不會彎曲才被大雪所摧毀了。」

丈夫點頭稱是，兩人互相注視一會兒，突然兩人像明白了什麼似的，相互緊緊地擁抱在一起。

丈夫十分興奮地說：「我們揭開了一個謎——對於外界的壓力要盡可能地去承受，在承受不了的時候，要學會彎曲一下，像雪松一樣退讓一步，這樣就不會被壓垮了。」

的確，雪松的彎曲不是屈服或毀滅，它向人們展示了人生的另一門藝術——正如同老子所說的「剛必易折」，有些人為了顯示無聊的氣魄，處處表現不服輸、處處碰得頭破血流，到了後來還不是一事無成，平白浪費了一輩子。

13・慎審優勢

自以為有優勢的人，往往會比平凡者更容易走上失敗與滅亡之途。

有三個人出去旅遊，一個人是跳遠冠軍，一個人是游泳健將，第三個則是在各項無明顯優勢的平庸之輩。

他們走了一段路之後，遇到了一座山，他們爬上了這座山，在山上他們遇到了一個好幾公尺寬的溝。如果要繼續前進，只有越過這條溝或者繞道一公里外的另一條小道。

游泳健將和第三個人都無可奈何的去一公里外繞道前進了。而跳遠的運動員卻自恃有此特長，跳過這溝應該不是問題，所以他就用力起跳。然而，不幸的事情發生了，他就差了那麼幾公分沒有跳過去，失足摔了下去，把腿摔折了。

爬過山之後，是一條寬廣的河流，他們又熱又累，就下河去洗澡了，河水湍急，第三個人在河邊洗澡，而游泳運動員卻來了興致，在河水裡自由歡快的游來游去，他自認為水性極好，沒有什麼危險，就不顧朋友的勸阻，向水流洶湧的地方游去，一個俗稱瘋狗浪的大浪打來，使他措手不及，瞬間便被無情的河水吞沒了。現在只剩下那個平庸的人毫髮無傷地繼續邁向旅程。

在很多時候，我們不是跌倒在自己的缺陷上，而是在自以為優勢的問題上出了差錯。因為，你自己的缺陷可以警示你謹慎行事，而優勢則會讓你忘乎所以。為人處世也不得不慎！

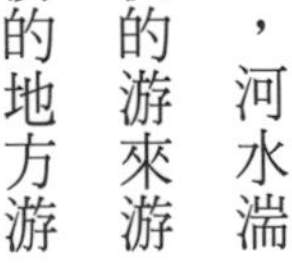

14・你怎樣看待生活

你經常都只想到遠處去嗎？
你看，好的東西就在身邊。
只要學習抓住幸福的方法，
「幸福」永遠都在你面前。
——歌德

在夏天的午後，小鎮郊外的一棵大柳樹下坐著一位老人，他正優閒地看著馬路上來來往往的行人。

有一位陌生人開車來到這個小鎮，看到了老人，他停下車打開車門，向老人詢問：「這位老先生，請問這是什麼城鎮？住在這裡的是哪種類型的人？我正打算搬來居住呢！」

這位老人抬頭看了一下陌生人，回答說：「你剛離開的那個小鎮上的人們是哪一種類型的人呢？」

陌生人說：「我剛離開的那個小鎮上住的都是一些不三不四的人。我住在那裡沒有什麼快樂可言，所以我打算要搬到這裡居住。」

老人回答說：「先生，恐怕您要失望了，因為我們鎮上的人兒啊，也跟他們完全相像。」

不久之後，又來了另一位陌生人向老人詢問同樣的問題，老人又問他同樣的問題：「你剛離開的那個小鎮上的人們是哪一種類型的人呢？」

這位陌生人回答：「喔！住在那裡的都是非常好的人。我的太太和小孩在那裡度過了一段很好的時光，但我正在尋找一個比我以前居住的地方更有發展機會的小鎮。我很不願意離開那個小鎮，但是我們不得不尋找更好的發展前途。」

老人說：「你很幸運，年輕人，居住在這裡的人都是跟你們那裡完全相同的人，你將會喜歡他們，他們也會喜歡你的。」

第六章

墓碑上的彩蝶

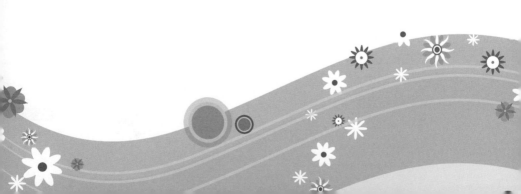

I・農夫的抉擇

羅馬著名的政治家西塞羅曾說：「支配一個人一生的是命運，而非智慧。」

一個農夫在洪水中救起了他的妻子，他的孩子卻被淹死了。

事後，人們議論紛紛……

有的說他做得對，因為孩子可以再生一個，妻子卻不能死而復活。

有的說他做錯了，因為妻子可以另娶一個，孩子卻不能死而復活。

我聽了人們的議論，也感到疑惑難解：如果只能救活一個人，究竟應該救妻子呢？還是救孩子？

於是，我去拜訪那個農夫，問他當時是怎麼決定的。

他很快地回答：「我什麼也沒想，洪水襲來，妻子在我的身邊，我抓住她就往附近的岸邊游。當我返回時，孩子已經被洪水沖走了。」

所謂人生抉擇，有不少正是源於此，機會來了，往往是抓住離自己最近、最有把握的去實現。世上許多難解之事，未必都是必然，有的純屬偶然，無法當機立斷，往往會落得兩頭空。

2．老農夫的願望

遇到好運的人，要守得住這份好運，才是真的幸運。

農夫走到大海邊，捕到了一條魚，不是普通的魚，而是一條漂亮的金魚。金魚請求他說：「放了我吧，老人家，我可以滿足您的三個願望。」

老農夫想了想，抓了抓後腦勺（他是非常愛喝酒的），於是說：「那就這麼辦吧，讓大海全都變成酒。」

於是，魚擺了一下尾巴，老農夫嘗了嘗，果然是酒。

他想了又想，要再提出一個什麼樣的願望呢？他終於說到：「這麼辦吧，讓這條流進大海的河也變成酒。」

魚又擺了一下尾巴，老農夫嘗了嘗，真的是酒耶！他開始想第三個願望了。想了又想，怎麼也想不出。他氣急了，吐了口唾沫說：「哇！這麼多的酒，不把咱淹死才怪！」

話剛一出口，農夫一骨碌跌入大海之中，果然淹死了。

農夫的願望看起來是多麼的可笑，可是在生活中，我們很多人都具有這種無知的欲望，身在福中不知福，明明本是已在幸福的殿堂，偏偏攪成惱人的地獄。

3・質與量

一天到晚吹噓自己如何努力的人，永遠敵不過一個默默耕耘、埋頭苦幹的實行家。

有這樣一則故事——

群獸中突然發生了一場爭論，比誰每胎生得多。許多野獸都興致勃勃地大誇自己的繁殖數量或繁殖速度。牠們認為這事關榮辱，誰生得最多最快，誰的勢力就最大，誰就可以居領袖地位。經過激烈的爭辯和小心翼翼的驗證，老鼠獲得了勝利，牠急切地率領群獸跑到那隻始終超然事外的母獅面前說：

「你快將王位讓出來！」

獅子打量著這幸災樂禍的傢伙：「為什麼？」

老鼠很神氣地問道：「請問你一胎能生幾個？」

「一胎幾個？」群獸應和著。

獅子明白了，牠抬起頭慢吞吞地說：「一個。但，這一個是獅子！」

群獸目瞪口呆，一哄而散。

「這一個是獅子！」這句有力道的話，豈止證明質量勝過數量，這是面對吵吵嚷嚷、自鳴得意的小把戲們，所顯示的自信與高貴的氣度。

4．每秒擺一下

魯迅曾說：「人生最痛苦的事，就是自夢中醒來卻發現沒有可行的路。」

我常常不知道自己該做些什麼？

幼時的夢想越走越遠，風霜的磨礪和肩上的重擔時時讓我不知所措，我不知道接下來該怎麼辦？

有一個三只鐘的故事，總在這時候給我啟迪。

一只新組裝好的小鐘放在兩只舊鐘當中，兩只舊鐘「滴答」、「滴答」一分一秒地走著。

其中一只舊鐘說：「來吧，你也該工作了。可是我有點擔心，你走完三千兩百萬次以後，恐怕便吃不消了。」

「天哪！三千兩百萬次。」小鐘吃驚不已，「要我做這麼大的事？我當然會辦不到，辦不到。」

這時另一只舊鐘卻對它說：「別聽他胡說八道。你不用緊張，你只要每秒滴答擺一下就行了。」

「天下哪有這樣簡單的事情。」小鐘將信將疑地點點頭，「如果這樣，我就試試吧。」

從此，小鐘很輕鬆地每秒鐘「滴答」擺一下，不知不覺中，一年過去了，它也擺了三千兩百萬次。

「你不用緊張，你只要每秒滴答擺一下就行了！」

每個人都希望夢想成真，但成功卻似乎遠在天邊遙不可及，倦怠和沒自信讓我們懷疑自己的能力，放棄努力。其實，我們不必想以後的事，一年，甚至一個月之後的事，只要想著今天我要做些什麼，明天我該做些什麼，然後努力去完成，就像那只鐘一樣，每秒「滴答」擺一下，成功的喜悅就會慢慢浸潤我們的生命。

5・幸福之神

獲得幸福的唯一途徑，是不要把幸福當成人生的目的，而以幸福以外的其它目標來作為人生的目的。

一個二十歲出頭的年輕小夥子急吼吼地走在路上，對路邊的景色與過往行人全然不顧。一個人攔住了他，問：「小夥子，你為何行色匆匆啊？」

小夥子頭也不回，飛快地向前跑著，只淡淡地甩了一句：「別攔我，我在尋求幸福。」

——轉眼二十年過去了，小夥子已變成中年人，他依然在路上疾馳。

又一個人攔住他：「喂，你在忙什麼呀？」

「別攔我，我在尋求幸福。」

——又是二十年過去了，這個中年人已成了一個滿臉皺紋、老眼昏花的老頭，還在路上掙扎著向前挪。

一個人攔住他：「老頭子，還在尋找你的幸福嗎？」

「是啊！」當老頭回答完別人的問話，猛地一驚醒，一行眼淚掉了下來。原來剛剛問他問題的那個人，就是幸福之神啊，他尋找了一輩子，可幸福之神實際上就在他身邊。

其實幸福就在身邊，何必四處尋找，只是許多人往往好高騖遠，只會眼巴巴地羨慕別人，而看不到自己身邊所能擁有的東西。

6·時間的老人

為了目標而放棄一切的人，等到他達到了目標，也往往會失去他本來所擁有的一切。

埃斯特·卡西拉奮鬥了一生，終於買了一幢豪華的別墅。他是一個為達目標，勇往直前，心無旁騖的單身貴族。但有件奇怪的事情，他每天下班回來，總看見有個人從他的花園裡扛走一只箱子，裝上卡車載走。他還來不及叫喊，那人就走了。

這一天，他決定開車去追，那輛卡車走得很慢，最後停在城郊的峽谷來旁。

卡西拉下車後，發現陌生人把箱子卸下來扔進了山谷。山谷裡已經堆滿了箱子，規格式樣都差不多。

他走過去問：「剛才我看見您從我家扛走一只箱子，箱子裡裝的是什麼？這一堆箱子又是幹什麼用的？」

那老人打量了他一眼，微微一笑說：「你家還有許多箱子要運走呢！這些箱子裡面都是你虛度的日子。」

「什麼……日子？」

「你虛度的日子。」

「我虛度的日子？」

「對！是你日日浪費掉的時光、虛度的年華。你曾盼望美好的時光，但美好時光到來後，你又幹了些什麼呢？你過來瞧瞧，它們個個完美無缺，根本沒有用過。不過現在……」

那老人做了一個「請」的手勢。

卡西拉走過來，順手打開了一個箱子。箱子裡有一條暮秋時節的道路，他的未婚妻格拉茲正在慢慢走著。接著，他打開第二個箱子，裡面是一間病房，他弟弟約西拉躺在病床上在等他歸去。他打開第三個箱子，原來是他那所老房子。他那條忠實的狗杜克臥在柵欄門口等他。牠等了他兩年了，已經骨瘦如柴。

卡西拉感到心中被什麼東西夾了一下，絞疼起來。

陌生人像審判官一樣，一動不動地站在一旁。

卡西拉說：「先生，請您讓我取回這三個箱子吧，我求求您。起碼還給我三天吧。我有錢，您要多少都行。」

陌生人做了個根本不可能的手勢，意思是說，太遲了，已經無法挽回。說罷，時間老人和箱子一起消失了。

夜幕悄悄降臨，把大地籠罩在黑暗之中。

7．平常心

在人生的旅途上，有時候我們往往為了迎合對方，而導致產生許多不必要的作為，事實上，保持平常心反而會讓人更加的舒適。

在非洲有一個部落的土著，他們沿用祖先的一個規矩，那就是集會活動時，必須赤身裸體地袒裎相見。雖然這習俗也遭受了很多白眼和謾罵，但他們卻從沒有因此改變過自己的族規。

有一次，他們這個部落裡傳染瘟疫，許多族人染病臥床。部落裡的巫醫們全都束手無策。

最後他們決定到鄰近部落去請一位有名的醫生，但那位醫生知道他們那條奇怪的族規，覺得十分為難，但又捺不住三番五次邀請，最後想到還是救死扶傷為重，便答應了。

歡迎醫生到來的那天，族眾們想，好不容易把醫生請來，為尊重他起見，咱們就破一次例吧。所以那一天所有的族眾都穿上了西服，打上了領帶，聚集在他們的會堂裡。

鐘聲響過，醫生走了進來。族眾們一下子都愣住了。只見年邁蒼蒼的醫生肩上揹著重重的醫療包，身上卻一絲不掛……

人們尊重你，會連你的出身背景與周遭的一切一起尊重的。你要做的只是：肯定自己、堅持自己。

8・青蛙的啟示

遇到危險，並不一定會有危險，只有不知道危險的人，才會迷迷糊糊走上失敗與死亡。

十九世紀末的最後幾個年頭，美國康乃爾大學做過一次有名的實驗。這組實驗研究人員做了十分完善、精心的策劃與安排。

他們把一隻青蛙冷不防地丟進煮沸的水裡，這隻反應靈敏的青蛙，在千鈞一髮的生死關頭，說時遲那時快，用盡全力，躍出那勢必使牠葬身的滾燙水中，跳到鍋外的地面，安然逃生！

隔了半個小時，他們使用一個同樣大小的鐵鍋，這一回在鍋子裡面放滿五分之四的冷水，然後把那隻剛剛死裡逃生的青蛙放到鍋裡，這隻青蛙在水裡不時來回泅游。接著，實驗人員偷偷在鍋底下用炭火慢慢燒熱。青蛙不知所以，仍然優哉遊哉地在微熱的水中享受「溫暖」，等到牠開始意識到鍋中的水溫已經熬受不住，必須奮力跳出才能活命時，已是一切為時已晚，牠欲跳乏力，全身癱瘓，呆呆躺在水裡，臥以待斃，終致葬身在鐵鍋裡面！

這個實驗揭示於我們一個殘酷無情的事實——

回顧我們自己跋涉過來的途程，何嘗不是如此？當生活的重擔壓得我們喘不過氣，挫折、困難堵住了四面八方的通口，我們往往能發揮自己意想不到的潛能，殺出重圍，找出一條活路來；等到功成名就，志得意滿，反而陰溝裡翻船，弄得一敗塗地，不可收拾！

難道人生的一切就是這樣？

的確，險象環生的處境對我們未必不是福地，耽於安逸、享樂、奢靡、揮霍的生活，又未嘗不是足以警惕的災禍。人類所面臨的每一個困境，不但是一項挑戰，有時往往也是不能自拔的陷阱。

我們在短暫的人生旅程上，究竟有多少次機會可以讓我們學習和徹悟？也不知有多少看不見的紅燈，可是我們卻經常視若無睹。這樣看來，我們跟這隻泅游在慢慢滾沸的溫水中的青蛙，又有什麼不同呢？

9．墓碑上的彩蝶

到醫院走一趟的人，才會知道健康的可貴，也只有死裡逃生的人，才會明白生命的寶貴。

那年我失戀了，情緒低落得想自殺。一個朋友來看我，無論怎樣勸慰，我根本就聽不進去。

後來，他帶我信步來到了遠處的一片墓地，我倆都沉默著。過了許久，朋友忽有所發現似的指著遠方說：「你看到了嗎？那墓碑上有一隻彩蝶。」

我仔細一看，果然有隻蝴蝶在那兒翩翩起舞。

這情景使我驚詫不已：一邊是死的沉靜，一邊是生的律動，和諧而又美麗。細想那沉睡的生命生前定然比那蝴蝶偉大，但此刻卻已不能再像蝴蝶一樣來感受人間的美好，這何嘗不是生命的一種缺憾……

朋友見我沉思不語，接著又說：「人，既然連死都不在乎，又何必怕生呢？」

於是，我活了下來，並時常記起那墓碑上的彩蝶。

只要活著，自有活著的意義，人們常常說：好死不如賴活著。正是意味著——「活著，一切才有希望」！

10．生命的寓言

人生，對於能感受到的人是「悲劇」，對於會思考的人是「喜劇」。

上帝製造了驢子，對牠說：「你是頭驢子，從早到晚要不停地幹活，在你的背上還需要馱著重物，你的食物是草，你的生命將有五十年。」

驢子回答說：「像驢子這樣辛苦的生活五十年太長了。求求您上帝，不要超過二十年吧。」

上帝答應了。

上帝製造了狗，對牠說：「你是條狗，需要隨時保持警惕，守護在你最好的夥伴——人類和他們的住所。你吃的是他們桌上的殘食，你的生命為二十五年。」

狗回答說：「我的主啊！像狗這樣的生活二十五年太長了，請您改變我的的生命，不要超過十年。」

上帝答應了牠的要求。

上帝製造了猴子，對牠說：「猴子，你被懸掛在樹上，像個小丑一樣令人發笑。你將生活在世上二十年。」

猴子眨眨眼睛回答說：「我的主啊！二十年的小丑生活太長了，請您不要讓時間超過十年吧！」

上帝也答應了猴子的請求。

最後，上帝製造了人，告訴他：「人，要有理性地活在這個世上，用你的智慧掌握一切、支配一切，而人的生命為二十年。」

人聽完是這樣回答的：「主啊！人活著只有二十年太短了，您將驢子拒絕的二十年、狗拒絕的十五年和猴子拒絕的十年賜予我好嗎？」

上帝同樣答應了。

正如像上帝所安排的那樣，人好好地活了開始的二十年，接著立業成家，如同驢子般揹著沉重的包袱拼命地工作；然後猶如狗一樣認真守護著他的孩子，吃光他們碗裡剩下的食物；當人老的時候，他活著又像猴子一樣，扮演小丑逗樂他的孫子們——事情就是這樣的。

或許事情真的就是這樣，很多人就是這樣走過他們的一生，莎士比亞曾經說過：「這個世界的一切都是舞台，無論男的女的，每一個人都是演員。」

11・難得糊塗

所謂「大智若愚」，指的是真正有智慧的人絕不會鋒芒畢露，「難得糊塗」的真諦，就是虛懷若谷明哲保身。

鄭板橋在濰縣做官時題過幾幅著名的匾額，其中最為膾炙人口的是「難得糊塗」與「吃虧是福」這兩塊。

據考，「難得糊塗」這四個字是在山東萊州的雲峰山寫的。萊州地處濰縣西北，背臨大海，城的東南有座雲峰山，山上有許多碑刻，那一年鄭板橋專程至此觀鄭文公碑，因盤桓至晚，不得已借宿於山間茅屋。屋主為一儒雅老翁，自命糊塗老人，出語不俗。他室中陳列了一方桌般大的硯台，石質細膩，鏤刻精良，板橋大開眼界。老人請板橋題字以便刻於硯背，板橋以為老人必有來歷，便題寫了「難得糊塗」四個字，用了「康熙秀才，雍正舉人，乾隆進士」的方印。

因硯台地大，尚有餘地，板橋說老先生應寫一段跋文，老人便寫了「得美石難，得頑石尤難，由美石而轉入頑石更難，美於中，頑於外，藏野人之廬，不入富貴之門也」。他用了一塊方印，印上的字是「院試第一，鄉試第二，殿試第三」。

鄭板橋看了大驚，知道老人是一位隱退的官員，細談之下，方知原委。有感於糊塗老人的命名，板橋當下見還有空隙，便也補寫了一段：「聰明難，糊塗尤難，由聰明而轉入糊塗更難。放一著，退一步，當下安心，非圖後來報也。」老人見了大笑不止。

做任何事情，拿得起放得下，堪稱悟透了人生。聰明的人往往拿得起放不下，身枯力竭仍在拼命，唉！採菊東籬，難得糊塗，方是人生佳境。

12．多一點擁抱

擁抱不僅是一種親密行為，它代表敞開心扉接受對方，是愛也是信任。

有一位科學家做了一個這樣的實驗：他養了兩隻猴子，並把牠們分開飼養。他把一隻長年關在籠子裡，除了給牠食物外，並不給牠別的什麼自由和接觸。這隻猴子從沒有接觸過別的動物，所以表現得鬱鬱寡歡，整天無精打采的，到後來，當牠到了青春期時，科學家把一隻異性的猴子跟牠放在一起，牠卻表現得很是恐懼和冷漠。而另外一隻猴子，從開始飼養時，科學家就經常去撫摩牠，逗牠玩，並經常把牠牽出來和別的猴子在一起玩樂，所以這隻猴子表現得很活潑，反應很靈敏，對別的動物也很熱情。

兩隻猴子的不同反應，說明了接觸是多麼的重要，它可以影響一個人的一生，對人生的觀念、認識以及對感情都會有很大的關係。

在地中海國家，男人們在高興愉悅的時候，也可以互相擁吻，以表示相互的熱情與友好。西方人自幼便經常受到家長的擁抱和親吻，一直到成年、老年，這種親情間的接觸仍舊頻頻，在不斷的重複接觸中傳遞親情與溫情。

有許多人很少注重接觸的效用。肌膚的接觸能導致內心的親合，肌膚的接觸能致使情誼的融合，肌膚的接觸能撫慰綻裂的傷痕。

13．有了山谷，就不怕沒有蝴蝶

雖然是法國人先發現了澳洲，然而澳洲卻落入後來者英國人的手上，法國人為什麼會因小失大呢？

十八世紀後半葉，歐洲探險家來到澳大利亞，發現了這塊廣袤千里、豐饒富足的「新大陸」。隨後，白人殖民者蜂擁而至，為搶佔土地，建立殖民區展開了激烈的角逐。

一八〇二年，英國派遣弗林達斯船長率雙桅帆船駛向澳大利亞。與此同時，法國拿破崙也命阿梅蘭船長駕駛三桅船鼓帆而往。

經過一番航海較量，法國先進的三桅快船捷足先登，抵達並搶佔了澳大利亞的維多利亞州，將該地命名為「拿破崙領地」。

欣喜之餘，好奇的法國人發現了當地特有的一種珍奇蝴蝶，為了捕捉這種色彩斑斕的珍蝶，他們忘記了肩負的重要使命，全體出動，一直追入到澳大利亞腹地。

這時，英國人的雙桅船也開到了，他們看到了停泊在那裡的三桅船。沮喪之際，他們驚喜地發現先期到達的法國人卻無影無蹤了。於是，弗林達斯船長立即命令手下安營紮寨。等到法國人興高采烈地帶著蝴蝶回來時，這塊面積相當於英國大小的土地，已經牢牢地掌握在英國人的手中了，而留給他們的只是無窮的懊惱。

的確，得到一隻蝴蝶卻丟了澳大利亞，法國人的教訓值得我們深思。做大事者，不應被一些小事所迷惑、困擾。從另一個角度來說，人只要存在就會有機會擁有一切。因此，即使暫時失去某些東西，也不必太自責。

14・生活就是最好的老師

生活中處處都隱藏著無比的創意，有很多偉大的發明，就在我們觸手可及的身邊所發現的。

航空母艦是海上最具有威脅力的武器，但是它也是在不斷的實踐中，才得以逐漸完善的。

航母飛行甲板與機場相比，是太短太窄了，飛機著艦點必須非常準確。若太過前，飛機會衝出甲板掉入海裡，若太過後，飛機又可能與航空母艦的尾部相撞。真可謂前不得也後不得，毫釐之差即可釀成大禍。

於是，為了尋找有效引導飛機著艦的辦法，人們被逼迫著去動腦筋。在千百次苦思冥想後，航母助降鏡竟由一件小事產生出的靈感而誕生了。

那是一九五二年的一天下午，英國海軍中校格德哈特走進了女祕書的房間，因為他想要女祕書為他找一份資料。他進去時，愛漂亮的女祕書正拿著一面小鏡子在塗口紅。

這個性作激起了格德哈特的靈感，他掉頭回到自己的房間，找來一面鏡子把口紅塗在鏡面上做標誌，然後把鏡子放在辦公桌上，對著鏡子用下顎接觸辦公桌的桌面。在此基礎上，他成功設計了第一代航母助降鏡——光學助降鏡。

生活就是我們最好的老師，只要我們用心去尋找，我們就能發現許多我們需要的東西。有時候靈感也會在剎那間，光顧我們的眼睛和心靈。

15・驢子和笛子

對於自己沒有嘗試過的東西，或自己不了解的東西，千萬不要抱著「先入為主」的觀念。

一隻驢子在靜靜地吃草。牠看到一個牧羊人坐在樹下吹著優美動聽的笛子。聽見的人都覺得很悅耳，唯獨我們這隻不滿的垂耳驢子例外。牠自言自語道：「這個世界要病了！瞧，那些人張著嘴巴在欣賞一個滿頭大汗的傻瓜，朝一根空心小管使勁吹氣。討好人類真是太容易了，可是我——不過沒關係，讓我趕緊逃到聽不見這傻子吹笛子的地方吧。我簡直受不了啦！」

我們這頭忿忿不平的驢子，剛邁開輕快的步伐跑開去時，差一點點就踢到一根笛子，這是一個性戀愛中的牧羊人遺忘在草地上的。

驢子停下來，機警地環顧四周，然後左右打量擱在草地上那根笛子，慢慢地低下頭去，把下唇湊在笛子吹孔上，吹起牠所鄙夷的樂器來。說也奇怪，笛子居然發出頗為悅耳的聲音。

我們的驢子認為自己是個聰明的傢伙，得意地用後蹄朝空中亂踢，高聲大喊道：「妙極了！我也會吹笛子啦！」

別人的東西一錢不值，自己的則金貴無比，許多人都有這種心理。看看這則寓言，你會更清楚地認清這種人。

16・生命的勇氣

什麼叫做「樂活人生」，每個人都有其先天或後天的不幸，唯一能克服這種不幸的，就是要勇敢的面對它，逃避只會帶來更大的痛苦罷了！

有位小學校長提到了一件他一生都難忘的事。

在學校的足球練習比賽中，一位男學生跌倒在地，把手臂跌斷了：剛好是他的右臂。在等救護車把他送去醫院的時候，他要同學給他筆和紙。

同學問他：「這種時候，你還要紙筆幹甚麼？」

他對著同學回答說：「你們有所不知，我的右臂既然斷了，我想，應該訓練自己用左手寫字。」

右臂壞了，是一種不幸。但能繼續用左手來完成右手應該做的事，卻是一種積極樂觀的生活態度，因此，遇到挫折，要學會及時轉化，不要讓挫折嚇倒了你。

17．獅子和老鼠

生命中的意外，任誰也無法避免。有時一念之間種下的善因，卻會結出碩大的善果。

一個炎熱的下午，獅子正在窩裡睡覺，一隻老鼠從他的鼻子上跑過，把他驚醒了。獅子大吼一聲，正要用他巨大的爪子把老鼠壓死，老鼠喊道：「啊，饒了我吧，大爺，我實在不值得被您殺死。我沒有冒犯您的意思，而且我這麼瘦小一點也不好吃。此外，如果您現在饒了我，也許有朝一日我能為您做點什麼事。」

獅子聽了哈哈大笑，但牠把爪子抬了起來，老鼠鑽出去跑開了。獅子看看牠，笑了笑又睡著了。

不久，獅子在林中覓食，陷入了羅網。有些獵人在獅子經常出沒的小道上佈下了絆腳索，在路面上懸空支一張大網，獅子腳被繩子一絆，那張網就落下來罩住了牠，把牠困在網內。獅子又扭又滾，又抓又咬，但牠越掙扎，那張網就把牠勒得越緊，不久就動彈不得了。獅子見逃脫無望，怒吼起來，巨大的吼聲響徹森林的每一個角落。

第二天早上，老鼠出來覓食。牠當然立刻聽出這是獅子的聲音，就盡快跑到出事地點。牠一眼就看出是怎麼回事了，就停下來說：「大爺，別急，我很快就能讓您出來。大爺，請別動。」說著，牠開始咬那粗繩。

一會兒工夫，獅子的前爪自由了，隨後，頭部和鬃毛也解放了；接著，後腿也掙脫出來了；最後，尾巴也擺脫了羅網。

小老鼠答應過為大獅子做點事，牠做到了。

事實上，獅子的一念之仁，放了老鼠，卻救了自己的命。

小老鼠也能幫獅子的大忙，並救它一命。所以，不要根據外表來判斷一個人的用處；不要忽視任何一個敵人的威脅，也不要錯過任何一個朋友的支持。

18・「這回運氣好，沒有風！」

對自己的成就，永遠保持一顆謙虛的心。

那是在克尼斯納，一個老林工正在解釋如何伐樹。他指出，要是你不知道那棵樹砍了會落在哪裡，就不要去砍它。「樹總是朝支撐少的那一方落下，所以你如果想使樹朝哪個方向落下，只要削減那一方的支撐便成了。」他說。

我半信半疑——稍有差錯，我們就可能一邊損壞一幢昂貴的小屋，另一邊損壞一幢磚砌的車庫。

我滿心焦慮，在兩幢建築物中間的地上劃一條線。那時還沒有鏈鋸，伐樹主要是靠腕勁和技巧。老林工朝雙手啐了一下，揮起斧頭，向那棵巨松砍去。樹身底處粗一米多。他的年紀看來已六十開外，但臂力十足。

約半個小時後，那棵樹果然不偏不倚地倒在線上，樹梢離開房子很遠。我恭賀他砍伐如此準確，他有點驚訝，但沒說什麼。

不到一個下午，他已將那棵樹伐成一堆整齊的圓木，又把樹枝劈成柴薪。我告訴他我絕對不會忘記他的砍樹心得。

他舉起斧頭扛在肩上，正要轉身離去，卻突然說：「我們運氣好，沒有風。永遠要提防風。」

老林工的言外之意，我在數年後接到關於一個心臟移植病人的驗屍報告時才忽然明白。那次手術意想不到地順利，病人的恢復情況也極好；然而，忽然間一切都出現了異常，病人死掉了。驗屍報告指出病人腿部有一處小傷，傷口感染了細菌進而擴及到肺部，導致整個肺喪失了機能。

那老林工的臉驀地在我腦海中浮現，他的聲音也響了起來：「永遠要提防風。」簡單的事情，基本的真理，需要智慧才能了解。那個病人的死，慘痛地提醒我們功虧一簣這個道理。縱使那個傷口對健康的人是無關痛癢，但已奪了那個病人的性命。

那老林工和他的斧子可能早已入土。然而，他卻留下了一個訓誡給我，待我得意之時用來警惕自己。人人都得意揚揚時，我會緊緊盯著鏡裡的影子，對自己說：「我們這回運氣好，沒有風！」

細微的破綻可能導致重大的失敗，一定要考慮周全，不可忽略一切細節。如果你成功了，也不要得意，記得在心底對自己說：「我這回運氣好，沒有風！」

19・不要省略「親愛的」！

男人結婚之後，往往把老婆當成自家人，而忽略了獻殷勤。事實上，老婆雖然是自家人，可她還是不折不扣的女人，像花朵需要灑上愛的陽光和水。

一名男子要到瑞士去辦些事，他在機場告別了妻子便搭上飛機走了。十天後，事情辦完了，他買好了回家的機票，然後到郵局去給妻子發個電報。他擬好電文，交給一位女營業員，說道：「算算要多少錢？」

她講了個數目。他點了點自己的零錢，發覺不夠。

「把『親愛的』這幾個字去掉吧，」他說：「這樣錢就夠了。」

「不，」那女孩說，並打開自己的皮夾，掏出錢來，「我來為『親愛的』這幾個字付錢好了，做妻子的可是需要從她們的丈夫那兒得到這個字眼哩！」

20．慢活，活出自己的人生

走太快，
就看不到人生的風景。

南宋時期有一個青年去找一個高僧指點迷津。他對大師說：「大師，為什麼命運對我這麼不公平，我怎麼什麼也沒有呢？」

大師微笑著對這青年說：「你把手握起來，現在你手裡有什麼呢？」青年緊緊地握著雙手，看了一下，然後說：「我手裡什麼也沒有。」

「現在你打開雙手，看看你手中有什麼？」大師說。

「還是什麼也沒有呀？」青年人疑惑地問道。

「你再看看，世界不是已經都在你手中了嗎？」大師說道：「緊握雙手，什麼也抓不到，只有當你放開的時候，你就能真正的擁有，擁有整個世界。」青年人終於明白大師的深意，會心地笑了。

面對世間的繁華誘惑，保持淡定，收放自如——是人生的一種境界，讓人生更加圓滿。如果捨不得想把一切都握在手中，那麼，到頭來只會害了自己。

石油大王洛克菲勒是個著名的慈善家，他出身貧寒，創業肯幹，人們都誇他是個好青年。可當他富甲一方後，卻變得貪婪冷酷。賓夕法尼亞洲油田地帶的居民深受其害，對他恨之入骨。後來在他53歲時，疾病纏身，人瘦得像木乃伊。

醫生向他宣告了一個殘酷的事實：他必須在金錢、煩惱、生命三者中選擇一個。這時他才領悟到：是貪婪的惡魔控制了他的身心。他聽從了醫生地勸告，退休回家，開始打高爾夫球，去劇院看喜劇，還常常跟鄰居閒聊，開始過上一種與世無爭的生活。後來他把巨額財產中相當大的一部分也捐給社會。

放棄了部分錢財的洛克菲勒，得到了世人對他的尊重，也讓自己的身體恢復了健康，心靈得到了淨化，獲得了一個快樂幸福的生活。

面對財富，我們要保持一顆淡定的心，這樣才能控制財富，而不是被財富所控制。

一個富豪打算在兒子23歲時將公司的財政大權交給他。於是在兒子23歲生日這天，這位富豪將兒子帶進了賭場，打算看一下他在面對挫敗時怎樣處理。富豪給了小哈利二千美元，反覆叮囑兒子，一定要剩下五百美元。年輕的兒子很快把父親的話忘了個一乾二淨，最終輸得一分不剩。

兒子用了一個月的時間去打工，掙到了七百美元，再次走進賭場，他給自己定下了規矩：只能輸掉一半的錢，到了只剩一半時，他一定離開牌桌。結果他沒能堅守自己的原則，又輸個精光。他只好再去打短工。

他第三次走進賭場，已是半年以後的事了。這一次，他吸取了以往的教訓，冷靜了許多，沉穩了許多。當錢輸到一半時，他毅然決然地走出了賭場。

事後，這位富豪對兒子說：「你以為你走進賭場，是為了贏誰？你是要先贏你自己！控制住你自己，你才能做天下真正的贏家。」

人的一生中會遇到很多誘惑，也會遇到很多挫折，如果緊握雙手，把所有的東西都抓得很緊，只能讓你失去的更多。而若你能對所遇到的一切都保持一顆淡定之心，那麼你就不會被外物驅使，而是將萬物掌控在自己手中，將自己的命運掌控在自己的手中，也只有這樣，你的人生才能更君圓滿。

國家圖書館出版品預行編目資料

簡單閱讀力／張明麗 著　初版，新北市，
新視野 New Vision，2021.02
面；　公分 --
ISBN 978-986-99649-5-1（平裝）
1.簡化生活 2.生活指導

192.5　　109018960

簡單閱讀力

作　　者　張明麗
出　　版　新視野 New Vision
製　　作　新潮社文化事業有限公司
電話 02-8666-5711
傳真 02-8666-5833
E-mail：service@xcsbook.com.tw

印前作業　東豪印刷事業有限公司
印刷作業　福霖印刷有限公司

總 經 銷　聯合發行股份有限公司
新北市新店區寶橋路 235 巷 6 弄 6 號 2F
電話 02-2917-8022
傳真 02-2915-6275

初版一刷　2021 年 2 月